KAFKA:

A JUSTIÇA, O VEREDICTO E A COLÔNIA PENAL

Coleção ELOS
Dirigida por J. Guinsburg

Equipe de Realização – Preparação: Márcia Abreu • Revisão: Iracema A. de Oliveira • Logotipo da coleção: A. Lizárraga • Projeto gráfico: Adriana Garcia • Produção: Ricardo W. Neves, Sergio Kon, Luiz Henrique Soares e Raquel Fernandes Abranches.

RICARDO TIMM DE SOUZA

KAFKA:
A JUSTIÇA, O VEREDICTO E A COLÔNIA PENAL

UM ENSAIO

CIP-Brasil. Catalogação na Fonte
Sindicato Nacional dos Editores de Livros, RJ

S718k

Souza, Ricardo Timm de, 1962-
    Kafka : a justiça, o veredicto e a colônia penal, um ensaio / Ricardo Timm de Souza. – São Paulo: Perspectiva, 2011.
    (Elos ; 63)

Inclui bibliografia
ISBN 978-85-273-0916-5

    1. Kafka, Franz, 1883-1924 – Crítica e interpretação. 2. Violência na literatura. I. Título.

11-1980.   CDD: 833
                  CDU: 821.112.2-3

08.04.11   12.04.11   025657

Direitos reservados à

EDITORA PERSPECTIVA S.A.

Av. Brigadeiro Luís Antônio, 3025
01401-000 São Paulo SP Brasil
Telefax: (11) 3885-8388
www.editoraperspectiva.com.br
2011

Sumário

Prefácio 11

Kafka, o Juízo Absoluto e a Paralisia
da Linguagem 13

   Preâmbulo 13
   O Dito e o Dizer 17
   Kafka e a Pronúncia do Absoluto: *O Veredicto* 30
   Kafka, Artista da Linguagem Paralisada: *Na Colônia Penal* 53

Excurso – Justiça, Liberdade e Alteridade
Ética – Sobre a Metamorfose do Sentido 75

   Introdução 75
   A Liberdade Posta em Questão 77
   A Necessidade Primigênia da Justiça 88
   Conclusão – A Realidade desde a Justiça –
   O Que Diz a Necessidade da Justiça? 91

Conclusões 95

Referências Bibliográficas 97

*Para Augusto Jobim do Amaral e
Ana Carolina Souza dos Santos, amigos.*

Prefácio

> *Em suma, o caráter geral não violento da civilização moderna é uma ilusão. Mais exatamente, é parte integrante de sua autoapologia e autoapoteose, ou seja, de seu mito legitimador* [...] *O que de fato aconteceu no curso do processo civilizador foi a reutilização da violência e a redistribuição do acesso à violência.*
>
> Zygmunt Bauman[1]

A tarefa principal que se coloca aos pensadores da contemporaneidade é a *crítica da violência*, tal como essa se expressa em termos exatamente contemporâneos, ou seja, em sua multiplicação infindável que desemboca em sua *naturalização*, obliterando qualquer possibilidade de se pensar em *justiça* sem uma crítica radical das condições de tal pensamento, na melhor esteira de algumas das grandes criações filosóficas da história. Muitas são, evidentemente, as possibilidades de abordagem de um tal problema e encaminhamento de tal questão;

---

1. *Modernidade e Holocausto*, p. 120-121.

no presente livro, de qualquer modo – e sem prejuízo de outras abordagens pelas quais optamos em outras épocas[2] – o foco principal de nosso interesse é examinar aspectos dessa temática a partir de duas obras de Franz Kafka, *O Veredicto* e *Na Colônia Penal*. Os problemas que aqui abordamos são principalmente dois: em primeiro lugar, acompanhar como Kafka leva a questão acima proposta ao seu *limite intelectual* em seu registro literário; e, subsidiariamente, quais as possibilidades de fuga do horror que nos é permitido esperar, a partir do *contraponto* da questão em seu registro histórico-filosófico[3] com alguns aspectos essenciais da obra de E. Levinas concernentes à temporalidade e à linguagem em sua relação com o tema da justiça. Trata-se, portanto, de um breve *ensaio* que tem como motivação fundamental a possibilidade geral da realização daquilo que se posta no limite do factível desde as razões do *logos*: uma *crítica da razão violenta*.

---

2. Para outras abordagens, ver R. T. de Souza, *Ética como Fundamento*; *Razões Plurais*; *Em Torno à Diferença*; *Justiça em Seus Termos*.
3. Idem, Status Quaestionis, *Em Torno à Diferença*.

Kafka, o Juízo Absoluto
e a Paralisia da Linguagem

> *Kafka descreve a nossa realidade,*
> *mas com o olhar de quem estivesse despertando.*
> Anatol Rosenfeld[1]

> *Deus criou as coisas e o Diabo as categorias.*
> *Só os medíocres correspondem às categorias;*
> *os insólitos as fazem explodir.*
> Ernst Fischer[2]

Preâmbulo

A fortuna crítica kafkiana atingiu, a estas alturas, tais proporções em termos quantitativos e qualitativos, que quaisquer ideias reducionistas que pudessem motivar interpretações circunstanciais a partir de chaves de leitura restritas, como muitas vezes acostumava acontecer, pelo menos até o aparecimento

1. Kafka e Kafkianos, *Texto/Contexto I*, p. 251.
2. Apud M. Löwy, *Franz Kafka*, p. 195.

da edição crítica das obras de Kafka, trai de imediato sua insuficiência[3]. Kafka é grande demais para classificações, e poucas certezas se podem auferir de sua obra. A consciência, porém, de que sem a obra de Kafka o universo cultural do ocidente contemporâneo é finalmente ininteligível parece acompanhar os estudos críticos mais significativos, desde as análises de Adorno e Benjamin até hoje, e se robustece cada vez mais.

Nossa leitura da produção kafkiana parte de uma perspectiva algo diversa daquela mais presente na tradição; consideramos mais urgente e atual ouvir o que Kafka tem a nos dizer no que diz respeito ao *aqui* e *agora* do que alocar precisamente sua produção na época de seu surgimento. Ou seja, partimos da hipótese de uma inversão: mais útil ou profícuo do que dissecar a obra kafkiana em busca de sentidos intrinsecamente obscuros ou expostos, pontuais ou disseminados ao longo da obra – ou "exponíveis" – parece-nos ser, utilizar elementos das obras de Kafka para *lermos a contemporaneidade*. Nessa inspiração, e na trilha de uma série de trabalhos já publicados sobre o autor e sua obra[4], é esse estilo de escuta o que pretendemos esboçar, ainda uma vez, no presente ensaio.

---

3. Como bem destaca Löwy, as obras críticas sobre o escritor costumam tradicionalmente se dividir entre os seguintes campos de abrangência: leituras "estritamente literárias", biográficas, psicológicas, psicanalíticas, teológicas, metafísicas, religiosas, sob o ângulo da identidade judaica, sociopolítica e "pós-moderna" – no dizer de Löwy, consideram "a significação dos textos de Kafka 'indecidível'" (Cf. Idem, p. 8).
4. R. T. de Souza, *Metamorfose e Extinção*; R. Duarte; V. Figueiredo (orgs.), Tensão e Expressão – Kafka, Hermeneuta do Tempo Patológico, *Mímesis e Expressão*, p. 145-156; Kafka: Totalidade, Crise, Ruptura, em R. M. C. Gauer (org.), *Criminologia e Sistemas Jurídico-Penais Contemporâneos*, p. 33-56; A Vida Opaca – Meditações sobre a Singularidade Fracassada, em N. F. Oliveira; D. G. Souza (orgs.), *Hermenêutica e Filosofia Primeira*, p. 461-469.

* * *

Temos defendido, ao longo de alguns de nossos estudos sobre Kafka, que esse autor pode ser lido, sob vários aspectos, como um refinado *hermeneuta de um tempo patológico*, e que sua obra pode ser compreendida também a partir do viés condicionado por essa posição frente à realidade. Por "tempo patológico" entendemos o paradoxo de uma *temporalidade sem vitalidade*, um tempo semiparalisado, *interdito*, inercial, quantificável em infinitas partes intercambiáveis[5].

A tese que aqui propomos é, de algum modo, correlata à anteriormente exposta. Porém, não se trata mais somente da temporalidade que, detida em seu processamento, em sua vitalidade própria, é substituída por estruturas parasitárias do mundo que configuram sua doença. Trata-se agora da linguagem que, detida em seu processar, paralisada em seu decorrer *constituinte* de realidade, em seu *Dito*, acaba por se recriar em seus reflexos formais, em seus *Ditos*, ocasião em que tais reflexos *se substituem* à linguagem propriamente considerada, dando lugar à *pura violência* – outro nome para a *paralisia da linguagem*. Em outros termos, entendemos por paralisia da linguagem a situação na qual a vitalidade da linguagem que diz o novo é substituída pela lógica de seus enunciados e quando o sentido do Dizer, em processo sempre inacabado[6], acaba sendo substituído pelo sentido haurido da

---

5. R. T. de Souza, *Metamorfose e Extinção*.
6. Essa questão tem especial importância no que diz respeito à noção de justiça aqui proposta, sempre incompletável na esteira do pensamento de Derrida, e que, portanto, não pode ser alvo de uma completa objetificação com o intuito do estabelecimento de análises que deem conta de seus constituintes propriamente significativos. Cf. Idem, *Razões Plurais*.

interpretação particular ou particularizada do *já dito*, cristalizado em si mesmo – ou seja, quando o *núcleo* da violência não é um ser vivo, perverso ou poderoso, que poderia falar mas não fala, mas, sim, é a máquina, o aparelho, o impessoal, a quantidade que *fala absolutamente*, ou fala de forma absolutamente violenta, *porque se cala absolutamente*[7].

Para que tal tese seja compreendida, iniciaremos por uma análise do Dizer no sentido expresso por Emmanuel Levinas, ou seja, da linguagem *enquanto* linguagem que acontece no tempo, em oposição à formulística do Dito, quer dizer, das sentenças e dos enunciados sobre o real; entendendo-se por real o que quer que se encontre como correlato de um pensamento que *busque* a realidade[8]. Depois, procuraremos evidenciar como por "Dizer" se deve compreender fundamentalmente a *busca por justiça*. A seguir, proceder-se-á a uma análise breve das novelas: *O Veredicto* e *Na Colônia Penal*, mostrando-se como nessas obras – talvez mais do que em quaisquer outras, ou pelo menos tanto quanto em suas obras mais famosas – é possível encontrar Kafka em um embate contra a *violência pura* que a paralisia de toda linguagem significa. Finalmente, em um Excurso gostaria de abrir novas frentes de significado ao todo do texto.

---

7. Cf. M. Löwy, op. cit., p. 89: "o personagem central dessa inquietante novela (*Na Colônia Penal*) não é nem o oficial – que exerce, ao mesmo tempo, o ofício de juiz, de carrasco e de técnico – nem o viajante, que observa os acontecimentos com um olhar crítico, nem o prisioneiro, nem mesmo, como se pensa amiúde, o comandante. É a máquina, o *aparelho*".
8. Cf. R. T. de Souza, *Sobre a Construção do Sentido*.

O Dito e o Dizer

> *"A essência – a temporalização –
> é a verbalidade do verbo."*
> E. Levinas[9]

I

Em sua obra magna *Autrement qu'être ou au-delà de l'Essence* (De Outro Modo que Ser, ou Para Além da Essência), Levinas apresenta análises sofisticadas da distinção que acima referimos entre o Dito e o Dizer. Essa distinção é fundamental para que se entenda a linguagem como algo mais do que um encadeamento lógico de signos ou conceitos. Exporemos a seguir alguns aspectos centrais de seu argumento.

Obcecados que somos pelo poder extraordinário de nosso logos nomeador, que, por atos de discernimento poderoso e classificador, separa ser e não ser, permitindo o surgimento do conceito e da ciência[10], olvidamos frequentemente de que a *linguagem pressupõe a temporalidade*, ou seja, que a linguagem, em sentido próprio, é a verbalidade própria do verbo – o tempo. Na inspiração direta de Franz Rosenzweig, poderíamos destacar desde já que toda narrativa *inicia pelo seu início*,

---

9. *Autrement qu'être ou au-delà de l'Essence*, p. 61 (doravante abreviado AE. Todas as traduções são nossas). Levinas, que nasceu na Lituânia, não acentuava o próprio nome, como provam cartas de próprio punho do filósofo que possuo. Apenas após sua naturalização francesa, seus editores passaram a grafar seu nome com acento. Essa é a razão pela qual em meus livros sobre o autor nunca utilizo acento, que é típico de uma recepção francesa posterior.
10. R. T. de Souza, Da Neutralização da Diferença à Dignidade da Alteridade, *Sentido e Alteridade*, p. 189-208.

que toda história narrada refere à sua *origem* que não é mera presença – "aconteceu certa vez", ou, na fábula, "era uma vez" –, que todo o rememorável o é apenas no sentido de um esforço intelectual de reatualizar o *já inscrito* no real – inscrito que nenhuma sentença ou enunciado des-escreve, des-inscreve, de sua própria realidade, assim como com relação a um bebê já nascido – ainda que tenha sobrevivido apenas alguns minutos após seu nascimento – nenhuma força concebível pode fazer como que *não tenha* nascido[11]. Perceber tal fato, tal evento no seu acontecer, corresponde a re-atribuir ao verbo sua verbalidade dispersa ou errante entre enunciados que se dão como cadeias de conceitos, de nomes. É pelo verbo, na brevidade do desencontro do idêntico consigo mesmo, ou seja, no fulcro temporal, que a tautologia é evitada:

> O verbo, entendido como nome que designa um acontecimento, aplicado à temporalização do tempo a faria ressoar como acontecimento, quando todo acontecimento supõe já o tempo, sua modificação sem mudança; a defasagem do idêntico, formigando por detrás das transformações [...]. Mas o verbo alcança sua própria verbalidade quando cessa de nomear ações e acontecimentos, quando cessa de nomear. É aí que a palavra "tem modos" ("a des façons") únicos em seu gênero, irredutível à simbolização que nomeia ou evoca[12].

A palavra vibra por entre seus significados *no* tempo, modaliza-se – eis sua verbalidade primigênia, o que impede sua neutralização, e impede, igualmente, que ela se identifique totalmente consigo mesma, ou seja, que se anule enquanto palavra *a ser* dita. O ser "não é" si mesmo, a não ser na sua

---

11. F. Rosenzweig, Das neue Denken, *Zweistromland*, p. 139-161.
12. AE, p. 60-61.

verbalização, no seu acontecer no tempo, ou seja, no tempo que é seu acontecer:

> Entre o verbo e o ser – ou a essência do Ser – a relação não é aquela própria do gênero à espécie. A essência – a temporalização – é a verbalidade do verbo. O ser, do qual se quer sugerir sua diferença em relação ao ente, o estranho prurido temporal, a modificação sem mudança (mas, nele, se recorre a metáforas tomadas do temporal e não do tempo, metáforas como processo ou ato de ser, como desvelamento), tal ser é o verbo mesmo. A temporalização é o verbo do ser[13].

O que temos, então, é uma reiteração (meta)lógica do ser em seu acontecer, antes de qualquer fixação de conceitos – conceitos que derivam, exatamente, da fixação de referências intelectuais relativamente sólidas no decorrer dos acontecimentos, de forma a que certos acontecimentos sejam, de algum modo, revividos ou previstos em um determinado enunciado como, por exemplo, em uma hipótese científica que retira do fluxo do acontecer aquilo que é conceitualmente relevante e comunicável desses acontecimentos. A esse *acontecer* do ser na temporalidade podemos denominar, exatamente, *linguagem* – pois

> a linguagem não se reduz [...] a um sistema de signos que duplicam os seres e as relações – concepção que se imporia se a palavra fosse Nome. A linguagem é, antes, excrescência do verbo. E é já como verbo que conteria a vida sensível – temporalização e essência de ser. A sensação vivida – ser e tempo – se escuta já desde o verbo[14].

Porém, a linguagem, em sua expressão mais superficial, ou seja, codificada, se apresenta principalmente *como cadeia*

13. Idem, p. 61.
14. Idem, ibidem.

coerente de enunciados de identidades; sua interpretação mais fácil e evidente é a identificação, ou seja, a *re*-afirmação da congruência do dito consigo mesmo, a re-*nomeação* que se compraz em corresponder exatamente ao que pretende dizer em seu enunciado – a assim chamada precisão conceitual, o que acontece quando "algo" é identificado como "algo", "isso" é identificado *com* "isso":

> Mas a linguagem é também um sistema de nomes. Na fluência verbal ou temporal da sensação, a denominação designa ou constitui identidades. Através da claridade que a temporalização abre no sensível, ao descobri-lo por seu próprio passado e ao reuni-lo mediante a retenção e a memória – reunião que Kant sem dúvida percebia antes de toda idealização do sensível nas diversas sínteses da imaginação – a palavra identifica "isso como isso" e assim enuncia a idealidade do mesmo em meio ao diverso [...] A palavra é nominação tanto quanto denominação ou consagração "disto como isto" ou "disto como aquilo" – dizer que é também entendimento e escuta absorvidos no dito, obediência no seio do querer ("pretendo dizer isto ou aquilo"), querigma no fundo de um *fiat*. Antes de toda recepção, um já dito anterior às línguas expõe a experiência ou a significa (propõe e ordena) em todos os sentidos do termo, oferecendo assim, às línguas históricas faladas pelos povos, um lugar, permitindo-lhes orientar e polarizar a seu gosto a diversidade do tematizado[15].

Pois a identificação não é o fruto de uma arbitrariedade qualquer, mas a expressão de um instante inconfundível, o *momento do acontecimento que se autoconsagra*, ao consagrar, *pela linguagem*, o real percebido; essa é a razão pela qual todo dito ou enunciado, antes de ser meramente dito ou enunciado, é desde sempre *já dito*, já dado que assume consciência de realidade. Assim, a identificação não é conhecimento, mas reconhecimento, conhecimento qualificado pela congruência

15. Idem, p. 61-63.

(identificatória) entre o conceito e o que ele designa em um determinado âmbito de significação, pois "a identificação é querigmática. O dito não é simples signo ou expressão de um sentido: antes, proclama e consagra isto enquanto isto"[16].

O que é necessário ressaltar é que estamos às voltas, em última instância, com uma *intriga da identidade* acutilada pelos desafios do tempo: jogo de cambiantes que se reencontram na parte "resistente" (ou seja, que resiste ao perecer que acompanha o que existe) do percebido. Não se trata, ainda uma vez, de arbitrariedade, mas de vocação, que designa o ser que cabe ao conceito e o conceito que cabe ao ser: identificação, "jogo lógico da consciência":

> No sensível como vivido, a identidade se mostra, se faz fenômeno, pois no sensível como vivido se entende e "ressoa" a Essência – lapso de tempo e memória que o recupera, consciência; o tempo da consciência é ressonância e entendimento do tempo. Mas esta ambiguidade e esta função gnosiológica da sensibilidade – esta ambiguidade do entendimento e da intuição que não esgota a significação do sensível e da imediatez – é seu jogo lógico e ontológico como consciência. Jogo que não se inicia por capricho e cujo horizonte é necessário mostrar; mas jogo que não descobre as responsabilidades que o suscitam. Ao analisar o sensível em meio à ambiguidade da duração e da identidade, que já é a ambiguidade do verbo e do nome que relampeja no Dito, o encontramos já dito[17].

E, por sua vez, tal intriga de identidade simultaneamente significa uma *detenção do tempo* e é possibilitada por ela, com o que chegamos ao coração do argumento. Ocorre, na precisão que conceitualiza corretamente o ser que se apresenta ao intelecto, uma recriação da própria ideia de consciência;

16. Idem, p. 62.
17. Idem, p. 63-64.

consciência é, agora, o retorno do já Dito a si mesmo pela consagração do Dito, na qual se dilui o imponderável daquilo que sustenta o Dito – o Dizer. Pois "é no *já dito* que as palavras – elementos de um vocabulário historicamente constituído – encontrarão sua função de signos e um uso, e farão pulular todas as possibilidades do vocabulário"[18]. A detenção do tempo, por seu lado, não é algo sem consequências ou alguma veleidade intelectual, mas, simultaneamente, uma necessidade do Dito e a decretação da morte do Dizer por presumida absorção no desde sempre já Dito redescoberto, identificado no enunciado de realidade, ou seja, naquilo que torna o Dizer – o tempo – supérfluo:

> A linguagem atuou e o Dizer que portava este Dito, mas que ia mais longe, se absorveu e morreu no Dito – se inscreveu [...] na remissão ou detenção do tempo, o Mesmo modificado se retém quando está a ponto de se perder, se inscreve na memória e se identifica; se diz. Vivências, "estado de consciência", o ser designado por um substantivo é detido, segundo o tempo do vivido, em vida, em Essência, em verbo; mas, mediante a claridade que abre a diástase da identidade, mediante o tempo, o Mesmo encontra o Mesmo modificado – isto é a consciência[19].

De algum modo, o nascimento da consciência do Dito, enquanto tal, significa necessariamente o anúncio de uma morte, a morte daquilo que não é ele – o Dizer. Essa é a razão pela qual é possível conceber uma hipótese científica: ao destacar, no campo do real percebido, aquilo que se presta à conceitualização *fora do tempo* – de modo que uma determinada experiência científica é repetível, na medida em que se repetirem ou forem reproduzíveis as condições dadas – a hipótese tem de,

18. Idem, p. 65.
19. Idem, p. 64.

necessariamente, abdicar da mutação concreta do real, de sua concretude temporal da qual o que se presta à conceitualização foi retirado. Não há convivência pacífica possível entre o Dito e o Dizer, pois o Dito só é possível se significar propriamente uma detenção – uma *interdição* – do Dizer imponderável que não cabe nele, no Dito. Em suma, temos aqui a origem da concepção de linguagem tal como é normalmente compreendida, ou seja, como articulação lógica entre Ditos que pressupõe necessariamente a exclusão daquilo que não cabe no Dito, ou seja, de sua própria origem, do tempo de seu nascimento. A identidade é a negação do tempo de nascimento, pois só pode ocorrer nascimento no interstício entre a identidade e o que não é ela, ou seja, em alguma instância pré-identificatória, *diferencial* no sentido de Derrida, incompleta em termos de autoclarificação identificatória, de Identidade. O fluxo contínuo do nascimento – o tempo – é continuamente reabsorvido no Dito que se re-diz porque se re-identifica, se reencontra consigo mesmo. O decorrer do tempo se inverte em um seu simulacro; tempo, agora, é o processo de re-incorporação da potência do Dizer na potência consolidada do Dito:

> A identidade dos entes remete a um dizer teleologicamente orientado ao querigma do dito e absorvendo-se nele até o ponto de se fazer esquecer; remete a um Dizer correlativo do Dito ou que idealiza a identidade do ente constituindo-o também, recuperando o irreversível, coagulando a fluência do tempo em um "algo", tematizando, doando um sentido, tomando posição ante este "algo" fixado no presente, representando-o e arrancando-o deste modo à labilidade do tempo. O Dizer, dirigido ao Dito e se absorvendo nele, correlativo do Dito, nomeia um ente na luz ou na ressonância do tempo vivido que deixa aparecer o fenômeno, luz e ressonância que podem, por sua vez, se identificar em um outro Dito[20].

20. Idem, p. 64-65.

II

> *Porque o lapso de tempo o é também do irrecuperável, do refratário à simultaneidade do presente, do irrepresentável, do imemorial, do pré-histórico. Antes que as sínteses de apreensão e de reconhecimento, realiza-se a 'síntese' absolutamente passiva do envelhecimento. É por ele que o tempo se passa.*[21]

Teremos chegado, então, ao termo da possibilidade da linguagem mesmo do discurso? Consistirá a linguagem, finalmente, em não mais do que a descrição das formas de identificação e re-identificação da realidade consigo mesma, ou seja, do re-encontro do Mesmo consigo mesmo – da totalização? Ou o próprio processo de totalização, a crescente lucidez compreensiva da Totalidade carrega em si o germe de sua desagregação ao pressupor sua identificação com tudo o que não é ela – "o que por sua própria lógica autodefinidora é insustentável, pois a Totalidade finalmente só se compreende em contraste com o que não é ela, e, portanto, se não há nada fora dela, ela não se compreende absolutamente?"[22]

No que aqui nos concerne, a análise do que temos designado genericamente por "Totalidade" não se dirige a modalidades sofisticadas ou abrangentes de compreensão da questão das totalizações como sintoma cultural, ou ponto de inflexão, da(s) racionalidade(s) – tarefa a que nos propusemos em outros escritos[23] –, mas, simplesmente, ao tema da linguagem e seus sentidos.

---

21. Idem, p. 66.
22. R. T. de Souza, *Totalidade & Desagregação*, especialmente p. 15-29.
23. Idem, *Totalidade & Desagregação*; *O Tempo e a Máquina do Tempo*; *Sentido e Alteridade*; *Razões Plurais*; *Em Torno à Diferença*, entre outros livros e artigos.

Partimos, assim, daquilo que constitui uma das questões norteadoras da problematização do Dito enquanto repositório fechado de sentido, no entender de Levinas:

> A sensibilidade na qual as qualidades das coisas se transformam em tempo e em consciência – independentemente do espaço não sonoro no qual elas têm toda aparência de se desenrolar em um mundo mudo – já não foi dita? Não se pode entender o como de suas variações qualitativas a partir do verbo enunciado? As sensações nas quais se vivenciam as qualidades sensíveis não ressoam adverbialmente e, mais precisamente, como advérbios do verbo ser? Deste modo, se pudessem ser surpreendidas aquém do Dito, não revelariam uma outra significação?[24]

Linguagem que diz *antes* de si mesma, antes de sua compreensão como linguagem propriamente, "aquém do Dito", aquém que trai sentidos e significações que, uma vez carreados para o âmbito da *ex*-plicação de sentidos, que significa a análise dos enunciados, dos Ditos, já não são recuperáveis; linguagens que dizem sem nem ainda dizerem, ao nascerem como *possibilidade* de linguagem – todas as entrelinhas que a procura por clareza renegou ao olvido ou à insignificância – tudo aquilo de que se alimenta, por exemplo, a literatura e a arte – essas linguagens se anunciam desde sua sombra ou não presença, desde suas intenções abortadas. Não o fazem, porém, para estabelecer uma guerra de sentido com as ideias claras e distintas que habitam o domínio da racionalidade normal, mas para estabelecer por fidelidade à sua existência que desafia a promulgação implícita ou explícita de sua não existência, e *apesar* dessa promulgação, um arco compreensivo mais amplo que aquele gerado pela análise exclusiva das expressões de linguagem que os conceitos constituem. Quem diz algo,

24. AE, p. 61.

ao ter a intenção de dizer já está dizendo muitíssimo: está se aproximando do destinatário do seu verbo, está franqueando a distância infinita da mudez *que não necessita apenas de palavras para ser rompida*. O dizer original é não apenas a quebra do círculo tautológico potencial ou real, no qual pode mergulhar a linguagem reduzida a seus elementos imediatamente percebidos, a seus conceitos e entrelaçamentos, mas é igualmente a impossibilidade de conceber essa configuração totalizante, pela percepção de que a *própria linguagem nunca diz nada apenas para si mesma, ou seja, só fala, a rigor, a um Outro*. A linguagem é, em certo sentido, uma particular oferta de acordo, todavia

um acordo que somente é possível de modo semelhante a um arpejo, o qual, longe de desmentir a inteligibilidade, é a própria racionalidade da significação, mediante a qual a identidade tautológica – ou o Eu – recebe o 'outro' e toma para ele o sentido de uma identidade insubstituível ao 'dar-se' ao outro"[25].

Isso porque é possível perceber, no núcleo daquilo que anima a linguagem, na sua origem energética, uma dimensão clara de flexibilização das modalidades de inteligibilidade; a linguagem nunca é apenas o que é descritível por sua análise, mas sempre, também e anteriormente, as *intenções* que a animam, que *movem* o Dizer que conflui, na multiplicidade de sua expressão, em Ditos analisáveis, multiplicidade que configura, finalmente, este Dizer mesmo, a pulsão de sua verbalidade temporal:

A significação da percepção, da fome, da sensação etc., como noções, significa pela correlação de termos na simultaneidade de um

---

25. Idem, p. 113.

sistema linguístico. Ela deve ser distinguida da significância do "um--para-o-outro" – do psiquismo que anima a percepção, a fome e a sensação. Aqui a animação não é uma metáfora, mas, se é que se pode falar assim, uma designação do paradoxo irredutível da inteligibilidade: do outro no mesmo, do tropo do "para-o-outro" em sua inflexão prévia. Significação na significância mesma, fora de todo sistema, antes de toda correlação, acordo ou paz entre planos que, uma vez que se os tematiza, estabelecem uma clivagem irreparável que, como os vocábulos com diérese, mantêm um hiato sem elisão, duas ordens cartesianas – corpo e alma – que carecem de espaço comum para se tocarem, carecem de qualquer topos lógico para formar um conjunto[26].

III

> *eis aqui a redução do Dito ao Dizer para além do logos. É possível demonstrar que não há questão do Dito e do ser senão porque o Dizer ou a responsabilidade reclamam por justiça. Só assim se fará justiça ao ser; só assim se poderá compreender a afirmação, estranha se se a toma ao pé da letra, de que pela injustiça "ficam abalados os fundamentos da terra"*[27].

Chegamos agora ao núcleo de nossa análise. A sua expressão mais formal inverte, nos termos de Levinas, a compreensão da linguagem como versão ao Ser, o que não é pouca coisa; estamos já às voltas com a inversão da primazia do ontológico – da linguagem que refere o Ser – em favor da preeminência do ético – do *sentido* que assume, ou deve assumir, essa referência ao Ser, ou seja, o Dizer:

Mas o poder de dizer, no homem, qualquer que seja sua função rigorosamente correlativa do Dito, está a serviço do ser? Se o homem não fosse

---

26. Idem, ibidem.
27. Idem, p. 77.

mais que Dizer correlativo do logos, a subjetividade poderia ser compreendida como um valor de função ou um valor do argumento do ser. Mas a significação do Dizer vai além do Dito; não é a ontologia que suscita o sujeito falante; ao contrário, é a significação do Dizer, que vai além da essência reunida no Dito, que poderá justificar a exposição do ser ou a ontologia[28].

E, por sua vez, a expressão do conteúdo efetivo da questão a que tal análise nos conduziu nos leva ainda mais longe: exige uma interpretação que apenas superficialmente pode parecer dispensável ou leviana. Pois a questão, em sua máxima profundidade é: o que quer o Dizer *realmente* dizer? O que *deseja* quem diz algo? A formulação clássica dessa questão, remontando a Platão e, especialmente, ao diálogo entre Santo Agostinho e seu filho Adeodato, reveste-se de novas roupagens e renasce mais viva do que nunca.

A essa questão é possível avançar já uma resposta que não a trai: quem diz algo – o Dizer – deseja *justiça*. Justiça para si, justiça para o Dizer, tempo de Dizer, intimidade do Dizer antes de toda expressão, mas que já é expressão de sua intencionalidade mais própria. Quem diz algo deseja que o já Dito não englobe, *a priori*, seu Dizer, ou seja, que seu Dizer seja vivo, tenha realidade vital, e não meramente formal ou burocrática. Isto significa: quem diz algo deseja que seu Dito seja levado a sério pelo acolhimento que tal Dito merece e que não pertence ao âmbito do mesmo: deseja que seu Dizer seja uma *expressão*

---

28. Idem, p. 66. Segue Levinas: "O imemorial não é o efeito de uma debilidade da memória, de uma incapacidade para franquear os grandes intervalos de tempo, para ressuscitar passados excessivamente profundos. É a impossibilidade para a dispersão do tempo de reunir-se no presente, a diacronia insuperável do tempo, algo para além do Dito. Não é uma debilidade da memória que constitui a diacronia, mas a diacronia que determina o imemorial".

da necessidade de justiça para com o Dito. Em suma, quem diz algo, antes de mais nada *diz necessitar*, desejar justiça; todo o demais daí decorre. Essa é a inteligibilidade primeira do Dizer, sua intencionalidade originária – expressar que *nem tudo* ainda foi dito – pois que o tempo se dá – e que, portanto, *há tempo* para, pelo dizer, pela correspondência ao Dizer, manter viva a procura pela justiça – pois "o tempo certo está aí".

Temos aqui, portanto, pela análise do binômio Dito--Dizer, uma nova concepção de linguagem, ou a expressão da temporalidade que ela (nos) constitui e que por ela se (nos) constitui, em sua intenção para além da articulação lógica de conceitos: *linguagem, em suas dimensões mais elementares e decisivas, ainda antes da fixação conceitual, é a procura pela justiça e a expressão temporal de seu desejo*. Linguagem é o desejo de Justiça, é o que nós somos, ou seja, tempo de expectativa e construção de justiça[29]. Essa é a razão pela qual muitas das mais eloquentes linguagens são *mudas*, ou pela qual um simples murmúrio visceral pode ser mais eloquente que o mais elaborado dos discursos. Pois a linguagem – muito além da corrente linguagem falada (ou, por derivação, da escrita), muito além da inteligibilidade clara e distinta que, supomos, toda linguagem deve portar – se constitui na única expressão daquilo que somos em termos de profundidade: *temporalidade e sentido de temporalidade*. Talvez *Dizer* seja a única forma de dizer o *Tempo*[30].

29. Defendemos alhures, na trilha de outros autores, a tese de que o que nos constitui anteriormente a qualquer espessura ontológica é a *ancestralidade do desejo por justiça*, para nós, para os outros, para nós *com* os outros. Cf. R. T. de Souza, *Justiça em Seus Termos*; *Razões Plurais*; *Sobre a Construção do Sentido*, entre outros.
30. Cf. Idem, Dignidade Humana desde uma Antropologia dos Intervalos, *Justiça em Seus Termos*; *O Tempo e a Máquina do Tempo*, entre outros.

Kafka e a Pronúncia do Absoluto:
O Veredicto

> "Nossa organização
> administrativa é sem falha."
> Bürgel, funcionário d'*O Castelo*[31]

I

A Sentença: Uma História. Para F.[32] – ou *O Veredicto*, como é mais conhecida, a primeira obra reconhecida por seu autor como plenamente madura, escrita na noite entre 22 e 23 de setembro de 1912 – além de se constituir em uma verdadeira obra *inaugural*, tem também como característica franquear a entrada do leitor ao universo da escrita kafkiana. Tudo o que seguirá já está de certo modo anunciado nessa obra-prima. Também não é difícil – independentemente da intenção de Kafka de publicar conjuntamente *O Veredicto* e *Na Colônia Penal* (além de *A Metamorfose*) sob o título conjunto de *Punições*[33] – perceber a que ponto ambas as novelas se implicam mutuamente.

O Veredicto – que pode ser lido também como um acerto de contas precoce e definitivo de Kafka com a psicanálise – é, porém, muito mais do que isso, sendo possível sua leitura como uma intrincada alegoria do *absoluto* e de sua pronúncia – uma *pronúncia absoluta*. De fato, em fim de contas, tudo conduz à sentença absoluta e irrevogável do final da obra, uma

---

31. Em M. Löwy, op. cit., p. 163.
32. F. Kafka, Das Urteil, *Gesammelte Werke in zwölf Bänden nach der kritischen Ausgabe*, p. 37-52. Utilizaremos, para maior facilidade de acesso, a tradução de M. Carone, F. Kafka, *O Veredicto/Na Colônia Penal*, p. 7-25.
33. Sobre essa questão, cf. o Posfácio de M. Carone à sua tradução de ambas as obras em F. Kafka, op. cit., p. 73-81.

condenação tão indubitável quanto a convicção da culpa dos condenados d'*A Colônia Penal*, como teremos adiante oportunidade de examinar. Essa pronúncia, que veda qualquer saída da esfera da Totalidade, assume nessa obra plena de energia ainda juvenil, uma forma visível, um contorno preciso em sua silhueta – e, por isso, a escolhemos para contraponto analítico em relação à *Na Colônia Penal*. Pois, se é verdade que em Kafka o que se encontra é a interdição opaca – total – por parte do absoluto, seja nas figuras paterno-punitivas dos pais de *A Metamorfose* – além das duas novelas referidas –, seja na difusividade mais abstrata de *O Processo* e de *O Castelo*, ou ainda nas extremamente sofisticadas obras finais *A Construção* ou *Josefina, a Cantora ou O Povo dos Camundongos*, por exemplo, é-nos suficiente uma análise das referidas, *O Veredicto* e *Na Colônia Penal*, para que se evidencie a que ponto a obra de Kafka se constitui finalmente na descrição de uma determinada paralisia da linguagem, de *uma proliferação absoluta – totalizante – do Dito em detrimento do Dizer*.

II

Porém, também o proferir do absoluto tem uma história. A análise de *O Veredicto* torna claro o quanto a novela é uma espécie particular de testemunho dessa história. Como narrativa kafkiana modelar, *O Veredicto* se inicia aureolada por uma relativa reserva energética que traz já consigo o insinuar-se da impotência por detrás de sinais alvissareiros:

> Era uma manhã de domingo no auge da primavera. Georg Bendemann, um jovem comerciante, estava sentado no seu quarto, no primeiro andar de um dos prédios baixos, de construção leve, que se estendiam em longa fila ao longo do rio, diferentes um do outro quase

só na altura e na cor. Tinha justamente acabado de escrever uma carta a um amigo que se achava no estrangeiro, fechou-a com uma lentidão lúdica e depois, o cotovelo apoiado sobre a escrivaninha, olhou da janela para o rio, para a ponte e para as colinas da outra margem, com seu verde sem vigor[34].

"Uma manhã de domingo no auge da primavera"; a estação da fertilidade, do renascer, tem alguns dias ainda mais privilegiados que o normal, e talvez o domingo seja um desses, especialmente em suas promissoras horas matinais. Georg Bendemann acaba de gozar de um momento totalmente inocente e fértil – uma longa carta contém sempre algo inesperado e, não obstante, o verde das colinas já é sem vigor. O sem-vigor (o que pode ter menos vigor do que o verde sem vigor em plena primavera?) habita desde já – desde sempre – o que de vigoroso pode ser mobilizado. Trata-se da história de uma sentença cumprida e, portanto, nada a salva dela – mas Georg Bendemann, tal como Gregor Samsa, que gostaria de acordar de sua lucidez e não se ver inseto, mesmo sabendo que tal é impossível, gostaria de acreditar que o gesto lúdico de fechar a carta contivesse mais esperança do que é permitido esperar, pela ordem dos fatos que, de algum modo, já se anunciam, pois desde sempre se anunciam.

Porém estamos no início da descrição que, como toda obra de Kafka, é sempre uma "Beschreibung eines Kampfes", "descrição de uma luta"; e, por agora, cumpre considerar tudo o que está em jogo:

Ficou pensando como esse amigo, insatisfeito com suas perspectivas na própria terra, já fazia anos havia literalmente se refugiado na

---

34. *O Veredicto*..., p. 9. No original alemão: "a um amigo de juventude", o que ajuda a sugerir a ideia de distância estabelecida.

Rússia. Tinha agora uma casa comercial em São Petersburgo, que a princípio havia caminhado muito bem, mas que se parecia há muito ter estacionado, conforme se queixava o amigo nas suas visitas cada vez mais raras. Assim é que ele se desgastava inutilmente no estrangeiro: a exótica barba cheia ocultava mal o rosto tão conhecido desde os anos de infância e a cor amarela da pele parecia apontar para uma moléstia em evolução. Como ele contava, lá não mantinha nenhuma ligação autêntica com a colônia dos seus conterrâneos e quase nenhum contato social com as famílias do lugar, de maneira que se encaminhava definitivamente para a vida de solteiro[35].

O que de início parece bom logo decai, estaciona, perdura por inércia e vive de resquícios de um passado irrecuperável. Ao verde sem vigor junta-se agora uma "cor amarela" que parece apontar "para uma moléstia em evolução"; cores inerciais, que indiciam uma espera que não pode confluir senão na decadência final que, enquanto não chega, expressa-se já nos pigmentos baços de uma "vida de solteiro", uma vida baça, um termo antes do fim.

Georg Bendemann, porém, no conforto da carta recém-concluída e do envelope recém-lacrado, percebe sua atual diferença em relação ao amigo que capitulou, desviou-se do esperado e sucumbe mui lentamente a seus pecados:

O que se devia escrever a um homem assim, que evidentemente tinha saído fora dos trilhos e a quem se podia lastimar mas não prestar auxílio? Devia-se talvez aconselhá-lo a voltar de novo para casa, transferir para cá sua existência, a tomar as velhas relações de amizade – para o que certamente não havia obstáculo algum – e no mais confiar na ajuda dos amigos? Mas isso não significa outra coisa senão estar ao mesmo tempo lhe dizendo [...], que ele devia finalmente desistir delas, regressar e permitir que todos o olhassem com espanto como a alguém para

---

35. Idem, p. 9-10.

> sempre de volta, que só os seus amigos sabiam um pouco das coisas e
> que ele era uma criança crescida, pura e simplesmente necessitada de
> seguir os companheiros bem-sucedidos que haviam permanecido em
> casa. E além do mais, era mesmo certo que todo esse transtorno, que
> seria preciso infligir a ele, tivesse um sentido? Talvez não se conseguisse
> nem ao menos trazê-lo de volta – ele mesmo afirmou que não entendia
> mais as condições vigentes no seu país – e desse modo, a despeito de
> tudo, talvez continuasse na terra estranha, amargurado com os conse-
> lhos e um pouco mais distanciado dos amigos. Se ele porém seguisse
> de fato o conselho e – naturalmente sem essa intenção, mas em virtude
> dos fatos – fosse esmagado, não se encontrasse nos seus amigos nem sem
> eles, sofresse com o vexame, de fato então não possuísse lar ou amigos,
> nesse caso não teria sido muito melhor para ele ficar no estrangeiro,
> do modo como estava? Era possível, em tais circunstâncias, pensar que
> aqui ele iria efetivamente levar as coisas avante?[36]

O fracasso é sempre indecoroso, vergonhoso, mesmo quando ao fracassado não cabe culpa; ele será esmagado pelas circunstâncias, numa possibilidade que remete sempre a uma realidade que se insinua por detrás da condicionalidade do verbo, que reflete e se escusa, ao considerar todas as variáveis, por permanecer exatamente como está, em um recorrente tema da escrita de Kafka[37]. O fim encontra o início, e uma breve digressão espiritual circula em torno ao polo atrator da fixidez, que desanima qualquer impulso de evasão e retorna ao mundo conhecido, sem vigor. O horizonte se distancia por atos inexplicáveis, que devem ter uma racionalidade própria meramente porque existem. A saída da órbita de referência, a ida para a distante Rússia, liquida pretensos laços anteriores de familiaridade e expõe o incompreensível desde a atual perspectiva.

36. Idem, p. 10-11.
37. Cf. R. T. de Souza, Tensão e Expressão, op. cit.

Por essas razões, mesmo que se quisesse manter a ligação por correspondência, não se podia na verdade transmitir a ele nenhuma comunicação real, como se faria sem temor até aos conhecidos mais distantes. O amigo já não vinha ao país fazia mais de três anos e explicava muito precariamente esse fato pela incerteza da situação política na Rússia, que não permitiria nem mesmo a mais breve ausência de um pequeno comerciante, ao passo que centenas de milhares de russos circulavam tranquilamente pelo mundo. Para Georg, entretanto, muita coisa havia mudado no curso desses três anos. Sobre a morte da mãe de Georg, que havia ocorrido dois anos antes, e depois da qual ele passara a viver em comum com o velho pai na casa, o amigo naturalmente tinha recebido notícia e manifestado o seu pesar numa carta de tamanha secura, que o motivo só podia ser que no estrangeiro o luto por um acontecimento dessa natureza é inteiramente inconcebível[38].

O "velho pai" aparece pela primeira vez, é um sobrevivente da morte da mãe, da morte como tal, e convive com Georg "após a morte da mãe". Mas o pai e seu peso aparecem agora como superados por um sucesso extraordinário que evidencia, retrospectivamente, que nos dois últimos anos o sucesso comercial – contraste com o amigo fracassado – evocam complacentes lembranças de um efetivo vigor. É a micro-história de uma determinação assumida, de um sucesso recente que, pela via descritiva, resgata a ideia de que o pai é de certo modo vencível.

Mas desde aquela época Georg havia assumido com maior determinação o negócio, bem como tudo o mais. Talvez o pai, enquanto a mãe era viva, por querer fazer valer só o seu próprio ponto de vista na firma, o tivesse impedido de exercer uma atividade pessoal efetiva; talvez o pai, desde a morte da mãe, embora ainda continuasse trabalhando no estabelecimento, tivesse ficado mais retraído; talvez – o que era muito provável – acasos felizes houvessem desempenhado um papel muito mais importante; fosse como fosse, porém, nesses dois anos a firma tinha se desenvolvido

---

38. *O Veredicto...*, p. 11.

de um modo totalmente inesperado, foi preciso dobrar o pessoal, o movimento havia quintuplicado e sem dúvida se estava na eminência de um novo avanço. Mas o amigo não fazia ideia dessa mudança. Anteriormente – talvez pela última vez naquela carta de pêsames – tinha querido convencer Georg a emigrar para a Rússia, estendendo-se sobre as perspectivas que existiam em São Petersburgo justamente para o ramo comercial de Georg. As cifras desapareciam diante do volume que os negócios de Georg tinham alcançado. Mas este não havia sentido vontade alguma de escrever ao amigo sobre seus êxitos comerciais, e caso o tivesse feito agora, em retrospecto, isso realmente teria adquirido uma aparência estranha[39].

O contraste se estabelece relativamente, se afirma, vai assumindo interesse até mesmo para um amigo *tão distante*, distante no espaço *e* no tempo, distante *de* longo tempo; o cuidado de Georg em não piorar a situação presumida do amigo, ainda que somente em sua presumida feição emocional, não o impede de *se distanciar*, por sua vez, do amigo, *anunciando* um futuro diferente do dele.

Assim sendo Georg se limitava sempre a escrever ao amigo só sobre incidentes insignificantes, da maneira como estes se acumulam desordenadamente na lembrança, quando se reflete sobre eles num domingo tranquilo. Ele não pretendia senão deixar inalterada a imagem que o amigo, no decorrer do longo intervalo, tinha feito da cidade natal e à qual se havia conformado. Aconteceu assim que Georg, em cartas bem distantes uma da outra, anunciou por três vezes o noivado de uma pessoa sem importância com uma moça igualmente sem importância, até que o amigo, na realidade contra as intenções de Georg, começou a se interessar por essa ocorrência notável[40].

Georg é definitivamente diferente de seu amigo distante; ficou noivo da senhorita Frieda Brandenfeld e, apesar de

39. Idem, p. 11-12.
40. Idem, p. 12.

considerar todas as possibilidades que poderiam significar a diluição dessa distante amizade pelo anúncio de noivado, resolve mesmo assim testemunhar uma fidelidade que a distância não parece haver anulado. Características as circunvoluções – que permanecerão recorrentes nas narrativas de Kafka e as tornam inconfundíveis – em torno à patética evitação racionalmente fundada e, não obstante, inútil, de mal-entendidos:

> Mas Georg preferia escrever-lhe sobre coisas como essa a admitir que ele próprio tinha ficado noivo, um mês atrás, da senhorita Frieda Brandenfeld, uma jovem de família bem situada. Muitas vezes conversou com a noiva sobre esse amigo e a situação peculiar da correspondência que mantinha com ele.
> – Então ele não virá de modo algum para o nosso casamento – dizia ela – E eu tenho o direito de conhecer todos os seus amigos.
> – Não quero perturbá-lo – respondia Georg. – Entenda bem, é provável que ele viesse, pelo menos é o que acredito; mas iria se sentir forçado e prejudicado, talvez ficasse com inveja de mim; e certamente insatisfeito e incapaz de pôr de lado essa insatisfação, regressaria sozinho. Sozinho – você sabe o que é isso?
> – Sim, eu sei, mas ele não pode ficar sabendo do nosso casamento de outra maneira?
> – Seja como for, isso eu não posso evitar; mas vivendo como vive, é improvável.
> – Se você tem amigos assim, Georg, não deveria ter ficado noivo.
> – Bem, a culpa é de nós dois; mas mesmo agora eu não queria que as coisas fossem diferentes.
> E quando ela, então, respirando rápido sob seus beijos, ainda argumentava: "na verdade isso me ofende", ele achou que realmente não era embaraçoso escrever tudo ao amigo.
> "Eu sou assim e é assim que ele tem de me aceitar", disse consigo. "Não posso talhar em mim mesmo uma pessoa que talvez fosse mais ajustada à amizade com ele do que eu sou"[41].

---

41. Idem, p. 13.

Eis, portanto, a história da presente carta recém-lacrada: a história de uma sinceridade que, de algum modo, é já uma espécie de traição. Entre escrever e não escrever, interpõe-se uma escrita que anula e multiplica infinitamente a distância. Mundos se separam, e tudo parece se anunciar a uma lógica razoável que, ainda na pior das hipóteses, "desde qualquer perspectiva que se examine" (para retomar uma famosa expressão recorrente em Kafka) não poderiam ser considerados testemunhos de má-fé. Georg, algo tenso com sua ousadia, que, de algum modo, poderia lhe custar essa amizade distante de que o amigo, sozinho, tanto necessitava, dá testemunho de sua felicidade:

> E, de fato, na longa carta que escreveu nessa manhã de domingo, relatou ao amigo a realização do noivado com as seguintes palavras: "A melhor novidade eu guardei para o fim. Fiquei noivo da senhorita Frieda Brandenfeld, uma jovem da família bem-posta que só se estabeleceu aqui depois da sua partida e que portanto você dificilmente poderia ter conhecido. Ainda haverá ocasião para lhe contar mais sobre a minha noiva, basta hoje que lhe diga que estou muito feliz e que nossa atual relação só mudou alguma coisa na medida em que agora você terá em mim, ao invés de um amigo comum, um amigo feliz. Além disso você ganha, com minha noiva, que manda saudá-lo cordialmente, e que em breve vai escrever pessoalmente a você, uma amiga sincera, o que não é sem importância para um solteiro. Sei que muita coisa o impede de nos visitar, mas não seria justamente o meu casamento a oportunidade certa para afastar os obstáculos? Seja como for, porém, aja sem qualquer escrúpulo e segundo o que achar melhor".
> Com essa carta na mão Georg ficou longo tempo sentado à escrivaninha, o rosto voltado para a janela. Mal respondeu, com um sorriso ausente, a um conhecimento que, passando pela rua, o cumprimentara[42].

---

42. Idem, p. 14.

Tudo está perfeitamente descrito, porém não há espaço para a celeridade, ou para algum ato que se sugira impensado: algum tipo de sentimento vagamente inercial neste domingo cálido detém Georg "por longo tempo" à escrivaninha. Após esse longo tempo, Georg comparece ao quarto do pai, comparece à sua presença que, sombria, não ficou no passado como a mãe morta ou o amigo distante.

> Finalmente enfiou a carta no bolso e, do seu quarto, atravessando um pequeno corredor escuro, entrou no quarto do pai, ao qual não ia já fazia meses. De resto não havia necessidade disso, pois sempre encontrava o pai na loja e almoçavam juntos num restaurante; à noite, efetivamente, cada um cuidava de si a seu critério, mas na maioria das vezes quando Georg não estava com os amigos ou visitava a noiva, o que acontecia com mais frequência, ficavam sentados ainda um pouco na sala de estar comum, cada qual com o seu jornal.
> Surpreendeu Georg como estava escuro o quarto do pai mesmo nessa manhã ensolarada. A sombra era pois lançada pelo muro alto que se erguia do outro lado do estreito pátio. O pai estava sentado junto à janela, num canto enfeitado com várias lembranças da finada mãe, e lia o jornal segurando-o de lado para compensar alguma deficiência da vista. Sobre a mesa jaziam o resto do café da manhã, do qual não parecia ter sido consumida muita coisa[43].

Não há sol que desvaneça a escuridão; sombras se projetam desde algum outro lugar. O espaço é ocupado pelo estranho gigantismo do pai que, ele mesmo uma sombra, velho todavia, apenas mordiscando seu desjejum, fazendo-se mui moderadamente presente à cena, sem apetite, ergue-se já e se movimenta, ocupando espaços, respondendo resignadamente à presença do filho:

---

43. Idem, p. 14-15.

— Ah, Georg! — disse o pai e caminhou ao seu encontro.

Seu roupão pesado se abriu quando andava e as pontas esvoaçaram em volta dele. "Meu pai continua sendo um gigante", pensou Georg consigo.

— Aqui está insuportavelmente escuro — disse depois.

— É verdade, está escuro — respondeu o pai.

— Você fechou também a janela?

— Prefiro assim.

— Fora está fazendo bastante calor — disse Georg como um acréscimo ao que havia dito antes e sentou-se.

O pai retirou a louça do café e colocou-a em cima de uma cômoda[44].

Georg está ali para prestar conta de sua intenção. E não é sem dificuldade que tal é expresso; há que reconstruir juntamente com o pai toda a racionalidade do processo (racionalidade que, aliás, passará logo por duras provas), culminando naturalmente no pudor do trato com o anônimo amigo:

— Na realidade eu só queria dizer a você — continuou Georg, acompanhando completamente absorto os movimentos do velho — que acabo de anunciar a São Petersburgo o meu noivado.

Puxou um pouco a carta de dentro do bolso e deixou-a cair outra vez.

— Como assim, a São Petersburgo? — perguntou o pai.

— Ao meu amigo, é claro — disse Georg buscando os olhos do pai.

"Na loja ele é totalmente diferente do que é aqui, sentado com o todo o peso do corpo e os braços cruzados sobre o peito", pensou.

— Ah, sim, ao seu amigo — disse o pai com ênfase.

— Você sabe muito bem, pai, que a princípio eu quis ocultar o meu noivado dele. Por consideração, por nenhum outro motivo. Você mesmo sabe que ele é uma pessoa difícil. Eu disse cá comigo: ele pode ter notícia do meu noivado através de terceiros, embora seja pouco provável com o tipo de vida solitária que leva — isso eu não posso evitar — mas por mim é que ele não deve ficar sabendo.

44. Idem, p. 15.

– E agora você mudou de opinião? – perguntou o pai, pôs o amplo jornal sobre o parapeito da janela e sobre os óculos, que cobriu com a mão.

– É, agora mudei de opinião. Se ele é um bom amigo, pensei comigo, então um noivado que me faz feliz é também uma felicidade para ele. Por isso não hesitei mais em anunciá-lo. Antes porém de remeter a carta, queria dizer isso a você[45].

É nesse momento, nesse dizer, nesse anúncio, que inicia a *inversão* do processo. Toda a racionalidade laboriosamente articulada, todas as razões aduzidas e não aduzidas reúnem-se, a partir desse anúncio, em torno a um polo de referência que as fará explodir na imbricação penosa com emoções moderadas que as constituem. O pai inicia sua arenga sobre a questão da verdade, sobre o tema da traição, coisas que "escapam ao controle", evoca a imagem da mãe morta, numa untuosa atribuição de culpa ao filho ingrato e pouco amoroso e conflui seu discurso a uma pergunta infinitamente simplória e infinitamente complexa:

– Georg – disse o pai esticando para os lados a boca desdentada –, ouça bem. Você veio a mim para se aconselhar comigo sobre esse assunto. Isso o honra, sem dúvida. Mas não é nada, é pior do que nada, se você agora não me disser toda a verdade. Não quero levantar questões que não cabem aqui. Desde a morte da nossa querida mãe aconteceram certas coisas que não são nada bonitas. Talvez chegue a hora de também discuti-las – e talvez ela chegue mais cedo do que pensamos. Na loja muita coisa foge ao meu controle, talvez não pelas minhas costas – não quero agora supor que seja pelas minhas costas – não tenho mais força suficiente, minha memória começa a falhar, já não tenho visão para tudo isso. Em primeiro lugar, é o curso da natureza; em segundo, a morte da nossa mãe me abateu muito mais do que a você. Mas já que estamos

45. Idem, p. 16.

falando desse assunto, dessa carta, peço-lhe por favor, Georg, que não me engane. É uma ninharia, não vale nem um suspiro, por isso não me engane. Você realmente tem esse amigo em São Petersburgo?

Georg levantou-se, embaraçado[46].

A questão, a resposta, são "uma ninharia, não valem nem um suspiro", mas tudo se decide aí. A realidade normalmente concebida, "normal", está, *in toto*, posta em questão – argumento típico de Kafka em suas construções. *O baque é absoluto.* Nada mais parece se sustentar, pois tudo se liquefaz e se aninha no interior dessa pergunta absolutamente disparatada e que contém toda a desconfiança do mundo – "você realmente tem esse amigo em São Petersburgo?" De certo modo, tudo o que se segue é a história do subsequente choque, do *embaraço* de Georg – apesar de toda a repugnância que recende de sua cuidadosa cronologia e detalhismo em relação aos fatos, justamente para evitar a incompreensão e, por fim, a *irracionalidade* – e da forma como este tenta, mobilizando todos os seus recursos mais amorosos, neutralizar a *fenda* que a pergunta abriu no esboço de discurso que se anunciava e que nada mais evitará que se transforme em uma espécie de buraco negro do sentido, transformada que é em expressão de puro poder.

Também muito típico de Kafka – veja-se, por exemplo, os autoconsolos patéticos de Gregor Samsa, do médico rural e de Josef K., entre outros, quando se veem na situação precisa do anúncio de sua derrocada final – é a estrutura de negação vagamente neutralizante da qual Georg lança mão.

– Vamos deixar de lado os amigos. Para mim mil amigos não substituiriam meu pai. Sabe o que eu acho? Você não se poupa o necessário. Mas

---

46. Idem, p. 16-17.

a idade reclama os seus direitos. Você sabe muito bem que me é indispensável na loja, mas se for para ela ameaçar sua saúde, amanhã mesmo eu a fecho definitivamente. E isso não é possível. Portanto temos de encontrar um novo modo de vida para você. Radicalmente novo. Você fica sentado aqui no escuro, no entanto na sala de estar teria uma boa luz. Belisca o café da manhã ao invés de se alimentar direito. Senta-se junto à janela fechada quando o ar lhe faria tão bem. Não, pai! Vou chamar o médico e nós seguiremos as prescrições dele. Vamos trocar de quarto, você vai para o da frente, eu venho para este. Não significará nenhuma mudança para você, todas as suas coisas serão transportadas junto. Mas tudo isso tem tempo, deite-se agora mais um pouco na cama, você precisa de repouso sem falta. Venha, vou ajudá-lo a tirar a roupa, você vai ver como sei fazer isso. Ou quer ir já para o quarto da frente? Se é assim, deite-se por enquanto na minha cama. Aliás, seria uma coisa muito sensata[47].

Toda a arenga de Georg, as pequenas justificativas que usa para cada futuro ato desde já abortado, a invectiva da *novidade* que significaria a reordenação completa do estado de coisas, como se tal anulasse o que acaba de – inelutavelmente – se anunciar, tudo isso é fundamentalmente inútil – o pai *não* se deitará na cama de Georg, tal retorno a um estado de coisas que nunca existiu realmente está fora de cogitação: chega sempre *tarde demais*. Segue-se então a reiteração da *lúcida senilidade* do pai, lucidez obstinada, excessivamente *clara*, de uma ideia que se choca com o desarrazoado do conteúdo. Emerge então, das profundidades da denúncia, a acusação mortal: *trapaceiro*. E não um trapaceiro ocasional ou por impulso, mas um trapaceiro contumaz, desde *sempre*, como que ontologicamente determinado.

Georg estava em pé bem ao lado do pai, que tinha deixado pender sobre o peito a cabeça de cabelos brancos e desgrenhados.

---

47. Idem, p. 17-18.

– Georg – disse o pai em voz baixa, sem se mover.

Georg ajoelhou-se imediatamente ao seu lado, viu nos cantos dos olhos do rosto cansado do pai as pupilas dilatadas se voltarem para ele.

– Você não tem nenhum amigo em São Petersburgo. Você sempre foi um trapaceiro e não se conteve nem diante de mim. Como iria ter justamente lá um amigo? Não posso de maneira alguma acreditar nisso.

– Pense outra vez, pai – disse Georg, erguendo o velho da cadeira e lhe tirando o roupão, enquanto o pai ficava em pé numa posição frágil. – Agora vai fazer três anos que meu amigo nos fez uma visita. Ainda me lembro que você não simpatizou muito com ele. Pelo menos duas vezes omiti de você a sua presença, embora ele estivesse sentado logo ali no meu quarto. Eu podia compreender perfeitamente sua aversão por ele: meu amigo tem muitas idiossincrasias. Mas depois você sem dúvida se entendeu bem com ele. Na ocasião fiquei muito orgulhoso porque você lhe deu atenção, assentiu com a cabeça e lhe fez perguntas. Se pensar um pouco, logo vai se lembrar. Daquela vez ele contou histórias incríveis sobre a revolução russa. Como, por exemplo, ter visto, numa viagem de negócios, durante um tumulto em Kiev, um padre, que no alto de uma sacada, havia cortado na palma da mão uma grande cruz de sangue, levantando-a enquanto conclamava a multidão. Você mesmo contou aqui e ali essa história para outras pessoas[48].

Georg reúne todas as energias que lhe sobram após a conturbação que significou a afronta direta às suas boas intenções proferidas, tenta no limite de suas possibilidades minimizar tal choque, lembrando presenças *dissimuladas* do amigo que se alternam com evidências cabais de sua existência, como o fato de que o próprio pai a evocava em suas histórias "a outras pessoas", o desdizer anterior do pai ao seu próprio dito de agora. Georg é inteligente e utilizou todos os mecanismos que esta sua inteligência lhe fornece – como, por exemplo, conduziu o pai à impossibilidade da negativa da existência

---

48. Idem, p. 18-19.

do amigo – *como se isso fosse o que realmente estava em questão*. Pois nenhuma inteligência, nenhuma razoabilidade, pode dar conta do que virá. Por enquanto, porém, é a evidente senilidade do pai que o preocupa, é a aparente impotência do velho de boca desdentada e olhar esgazeado que se constitui em uma acusação contra o filho descuidado.

Nesse meio tempo Georg tinha conseguido fazer o pai se sentar outra vez, despindo com cuidado a calça de malha que ele vestia sobre as ceroulas de linho, bem como as meias. A ver que a roupa de baixo não estava muito limpa, censurou-se por ter descuidado do pai. Teria sido sem dúvida seu dever zelar pela troca dessa roupa. Ainda não havia conversado expressamente com a noiva sobre a maneira como pretendiam organizar o futuro do velho, pois tinham admitido de forma tática que ele iria ficar sozinho na antiga casa. Nesse momento porém ele decidiu, rápido e com toda a firmeza, levá-lo para sua futura residência. Num exame mais atento, quase parecia que o tratamento a ser lá dispensado ao pai poderia estar vindo tarde demais[49].

Das palavras às ações. Mas ações que dão lugar a um *sentimento terrível*, embora, a seguir, tudo pareça "estar bem". As aparências de que as coisas estão bem se mesclam com sentimentos duvidosos, e desse cadinho emerge algo como a culpa. Inicialmente, porém, os acontecimentos reais assumem a aparência de farsa, pela própria culpa de Georg, e a farsa do pai, que joga o jogo proposto pelo filho ao olhá-lo de modo "não inamistoso", se confunde com os acontecimentos reais; essa amálgama impossível é o lugar da última esperança de Georg:

Carregou nos braços o velho para a cama. Teve um sentimento terrível quando, ao dar uns poucos passos até lá, notou que o pai estava

49. Idem, p. 19.

brincando com a corrente do seu relógio. Não conseguiu colocá-lo logo na cama, tão firme ele se agarrava à corrente.

Mas mal o pai ficou na cama tudo pareceu estar bem. Ele mesmo se cobriu e depois puxou o cobertor bem acima dos ombros. Ergueu os olhos para Georg de um modo não inamistoso.

— Você já se lembra dele, não é verdade? — perguntou Georg enquanto lhe fazia um aceno de estímulos na cabeça.

— Estou bem coberto agora? — perguntou o pai, como se não pudesse verificar se os pés estavam suficientemente protegidos.

— Então você já se sente bem na cama — disse Georg, estendendo melhor as cobertas sobre ele.

— Estou bem coberto agora? — perguntou o pai outra vez; parecia estar particularmente atento à resposta.

— Fique tranquilo, você está bem coberto[50].

Chegou-se agora ao momento de decisão, onde toda névoa possível se converte num tipo de lucidez absoluta, delirante. Tudo o que antes aconteceu não foi senão o pálido prenúncio do que agora se precipita. *O pai usurpa doravante totalmente a palavra de Georg.* Não bastasse o desapontamento do desatino senil que o velho tinha manifestado há pouco a Georg, emerge agora o desatino perfeitamente lúcido do absoluto, num *espasmo* de força e poder. Sob qualquer aspecto que se observe, a voz do pai se constitui em uma *pronúncia da culpa* de Georg, em uma imputação total de impostura que apenas a um observador ocasional soa como mero desamor, na medida em que é realmente algo desmedidamente mais profundo, *radical*, inescapável:

— Não! — bradou o pai de tal forma que a resposta colidiu com a pergunta, atirou fora a coberta com tamanha força que por um instante ela ficou completamente estirada no voo e pôs-se em pé na cama,

---

50. Idem, p. 19-20.

apoiando-se de leve só com uma mão no forro. – Você queria me cobrir, eu sei disso, meu frutinho, mas ainda não estou recoberto. E mesmo que seja a última força que tenho, ela é suficiente para você, demais para você. É claro que conheço o seu amigo. Ele seria um filho na medida do meu coração. Foi por isso que você o traiu todos esses anos. Por que outra razão? Você pensa que não chorei por ele? É por isso que você se fecha no seu escritório: ninguém deve incomodar, o chefe está ocupado – só para que possa escrever suas cartinhas mentirosas para a Rússia. Mas felizmente ninguém precisa ensinar o pai a ver o filho por dentro. E agora que você acredita tê-lo aos seus pés, tão submetido que é capaz de sentar em cima dele com o traseiro sem que ele se mova, o senhor meu filho se decidiu casar![51]

Não bastassem todas as cavilações de um filho traidor e indigno, a traição maior, a usurpação de poder e o conluio com uma mulher que trai, pela sua própria presença, a memória da falecida mãe, é finalmente anunciada. Tudo fica aterrorizantemente claro. Georg está agora esvaziado, ante o absoluto da desrazão e do terror, de qualquer sentimento – exceto a *comoção da distância* que o amigo de São Petersburgo significa, uma distância *perdida*, a saudade do que se poderia ter realizado e está terminantemente interditado.

Georg levantou os olhos para a imagem aterrorizante do pai. O amigo de São Petersburgo, que de repente o pai conhecia tão bem, o comoveu como nunca antes. Viu-o perdido na vasta Rússia. Viu-o na porta da loja vazia e saqueada. Entre os escombros das prateleiras, das mercadorias destroçadas, dos tubos de gás caindo, ele ainda continuava em pé. Por que tinha precisado viajar para tão longe?[52]

De nada adiantam, porém, tais considerações mnemônico-psicanalíticas. A realidade se choca com a imaginação,

51. Idem, p. 20-21.
52. Idem, p. 20.

atropela o sonho e o devaneio. O pai quer completar sua invectiva final, a descrição completa da traição, da qual não há volta nem fuga e, para isso, não bastam palavras, até gestos inusitados e explosões energéticas são necessárias:

– Mas olhe para mim! – bradou o pai, e Georg, quase distraído, correu até a cama para registrar tudo, mas ficou parado no meio do caminho.

– Só por que ela levantou a saia – começou o pai em voz de falsete –, só porque a nojenta idiota levantou a saia – e para fazer a mímica suspendeu tão alto o camisolão, que dava para ver na parte superior da coxa a cicatriz dos seus anos de guerra –, só porque ela levantou a saia assim, assim e assim, você foi se achegando, e para que pudesse se satisfazer nela sem ser perturbado, você profanou a memória da sua mãe, traiu o amigo e enfiou seu pai na cama para que ele não se movesse. Mas ele pode ou não se mover?

E, sem se apoiar em nada, passou a esticar as pernas para a frente. Resplandecia de perspicácia[53].

"Resplandecia de perspicácia" – "strahlte vor Einsicht", na bela expressão do original. Tudo o que virá é expressão de uma perspicácia maníaca em sua convicção, na Razão de sua certeza que abrange todos os espaços e tempos, apesar das patéticas ilusões de Georg, cada vez mais distraídas, fugazes, distantes – e, não obstante, recolhendo o que ainda sobra de sua vigília, recolhendo forças dispersas, que aninha num ponto preciso de última defesa.

Georg encolheu-se a um canto o mais possível distante do pai. Fazia já algum tempo tinha tomado a firme decisão de observar tudo de maneira absolutamente precisa, para não ser surpreendido num descaminho, seja por trás ou de cima para baixo. Lembrou-se nesse momento

53. Idem, p. 21.

da decisão há muito esquecida e a esqueceu de novo, como um fio curto que se enfia pelo buraco de uma agulha.

– Mas seu amigo não foi atraiçoado! – exclamou o pai, sublinhando a fala com o dedo indicador que se mexia de lá pra cá. – Eu era o seu representante aqui no lugar[54].

A "última defesa" faz água, e segue-se uma última e espasmódica expressão do incômodo de Georg. *Nem mesmo a expressão final de capitulação é autorizada*:

– Comediante! – gritou Georg sem conseguir se conter, reconheceu logo o erro e, com os olhos arregalados, mordeu – só que tarde demais – a língua com tanta força que se dobrou de dor.
– Sim, sem dúvida interpretei uma comédia! Comédia! Boa palavra! Que outro consolo restava ao velho pai viúvo? Diga – e no instante da resposta seja ainda o meu filho vivo – o que me restava, neste meu quarto dos fundos, perseguido pelos empregados desleais, velho até os ossos? E o meu filho caminhava triunfante pelo mundo, fechava negócios que eu tinha preparado, dava cambalhotas de satisfação e passava diante do pai com o rosto circunspecto de um homem respeitável! Você acha que eu não o teria amado – eu, de quem você saiu?[55]

"Comediante!" – tudo não passou de uma comédia, inclusive a encenação da própria comédia. A razão se utiliza de encenações – colocações em cena do que conta – para atingir seus fins. A razão só não se encerra ainda porque há algo a dizer, passado irrecuperável que mobiliza toda perda que se expressa na *precipitação mortal* na qual Georg se encontra – "você acha que eu não o teria amado?..."

A Georg, resta cada vez menos – talvez a esperança de uma queda antes da queda que se anuncia. Mas até mesmo

---

54. Idem, p. 21-22.
55. Idem, p. 22.

este gesto do pai faz parte da comédia; e a comédia não é senão a antecâmara do embate final de forças:

> "Agora vai se inclinar para a frente", pensou Georg. "Se ele caísse e rebentasse!" Essa palavra passou zunindo pela sua cabeça.
> O pai se inclinou para a frente, mas não caiu. Uma vez que Georg não se aproximou como ele esperava, endireitou o corpo outra vez.
> – Fique onde está, não preciso de você! Julga que ainda tem força para vir até aqui e que só não faz isso porque não quer. Cuidado para não se enganar! Continuo sendo de longe o mais forte. Sozinho eu talvez precisasse recuar, mas sua mãe me transmitiu a energia que tinha, liguei-me ao seu amigo de uma forma estupenda e tenho aqui no bolso a sua clientela!
> "Até no camisolão ele tem bolsos!", disse Georg a si mesmo, achava que com essa observação podia tornar-lhe a vida impossível no mundo inteiro. Pensou assim só por um instante, pois continuava esquecendo tudo[56].

A Georg resta apenas o seu foro íntimo, embora já devassado pelos acontecimentos, de constatações fugazes e pequenas estupefações – e aqui temos, novamente, uma estrutura notável e recorrente da escrita kafkiana, especialmente n'*O Processo*, entre as obras maiores: por maior que seja o choque, ocorre a surpresa por detrás do choque, numa expressão de vida da banalidade e do desproporcional aos acontecimentos, uma espécie de frêmito subjetivo de vida fugaz, precária, mas que se obstina em não desaparecer completamente por mais arrasada que já esteja.

Os acontecimentos se precipitam. Nada absolutamente é como parece ser. A comédia é apenas uma primeira camada da realidade. Toda a racionalidade não fez senão se transformar em obsessão por seu objetivo, em conjuração vital.

---

56. Idem, p. 22-23.

Tarde demais, sempre tarde demais, Georg compreende, finalmente, que não pode lutar contra o absoluto, pois o absoluto já aconteceu fora de qualquer tempo, já foi pronunciado ou, na pueril compreensão de Georg, "sempre esteve à espreita", sempre expresso, porque o absoluto se mostra como toda e qualquer possibilidade de expressão, preenche todos os espaços da racionalidade. Só cumpre agora proferir a sentença absoluta, desde sempre escrita no ser de Georg.

— Pendure-se na sua noiva e venha ao meu encontro! Vou varrê-la do seu lado, você não imagina como!

Georg fez caretas como se não acreditasse nisso. O pai simplesmente acenou com a cabeça, acentuando a verdade do que estava dizendo, em direção ao canto de Georg.

— Como você hoje me divertiu quando veio perguntar se devia escrever ao seu amigo sobre o noivado! Ele sabe de tudo, jovem estúpido, ele sabe de tudo! Escrevi a ele porque você se esqueceu de me tirar o material para escrever. É por isso que há anos ele não vem, ele sabe de tudo cem vezes mais do que você mesmo, amassa sem abrir as suas cartas na mão esquerda enquanto com a direita segura as minhas diante dos olhos para ler.

De entusiasmo, arremessou o braço sobre a cabeça.

— Ele sabe de tudo mil vezes melhor! – gritou.

— Dez mil vezes! – disse Georg para ridicularizar o pai, mas já na sua boca as palavras ganharam uma tonalidade mortalmente séria.

— Estava aguardando há anos que você viesse com essa pergunta. Você acha que eu me preocupava com qualquer outra coisa? Você acha que leio jornais? Olha aí – e atirou na direção de Georg uma folha de jornal que de algum modo tinha sido carregada para a cama – um jornal velho, com um nome já completamente desconhecido de Georg.

— Quanto tempo você levou para amadurecer! Sua mãe precisou morrer, não pôde viver o dia da alegria, o amigo se arruinando na Rússia – três anos atrás ele já estava amarelo de jogar fora – e quanto a mim você está vendo como vão as coisas. É para isso que tem olhos!

— Então você ficou à minha espreita – bradou Georg.

Compassivamente disse o pai, de passagem:
– Provavelmente você queria dizer isso antes. Agora já não dá mais.
E em voz alta:
– Agora, portanto, você sabe que existia além de você, até aqui sabia apenas de si mesmo! Na verdade você era uma criança inocente, mas mais verdadeiramente ainda você era uma pessoa diabólica! Por isso saiba agora: eu o condeno à morte por afogamento![57]

Desde um jornal velho, um passado ancestral que Georg não já desconhece completamente, tudo estava escrito. O tempo dilatou-se infinitamente, pois se determinou completamente na sentença. O absoluto significa que não há nada absolutamente a fazer, senão com ele coincidir:

Georg sentiu-se expulso do quarto, levando ainda nos ouvidos o baque com que o pai, atrás dele, desabou sobre a cama. Na escadaria, sobre cujos degraus passou correndo como se fosse por cima de uma superfície oblíqua, atropelou a criada que se dispunha a subir para arrumar a casa pela manhã
– Jesus! – exclamou ela, cobrindo o rosto com o avental, mas ele já tinha desaparecido. No portão do prédio deu um pulo, impelido sobre a pista da rua em direção à água. Já agarrava firme a amurada, como um faminto a comida. Soltou por cima dela como o excelente atleta que tinha sido nos anos de juventude, para orgulho dos pais. Segurou-se ainda com as mãos que ficavam cada vez mais fracas, espiou por entre as grades da amurada um ônibus que iria abafar com facilidade o barulho da sua queda e exclamou em voz baixa:
– Queridos pais, eu sempre os amei – e se deixou cair.
Nesse momento o trânsito sobre a ponte era praticamente interminável[58].

A sentença, o veredicto foi pronunciado, pronunciado absolutamente, *detendo definitivamente a linguagem e seu tempo*, ou

57. Idem, p. 23-24.
58. Idem, p. 24-25.

seja, decretando a morte. Cumpre-se. Toda a voz *ensurdece*, todo ouvido *emudece*. Tudo se confunde absolutamente na Totalidade realizada.

Kafka, Artista da Linguagem Paralisada: Na Colônia Penal

Não obstante bem conhecida, a novela *In der Strafkolonie*[59] instiga uma tal riqueza de sugestões interpretativas – como, aliás, sói acontecer com as obras principais do escritor de Praga – que se apresenta por si só mais do que justificada uma nova abordagem de seu sentido, *hoje*, no contexto exato da discussão sobre o significado que assume ou deve assumir o debate sobre o tema da *justiça*. Porém, tal amplitude é igualmente determinante no que diz respeito ao viés de abordagem; não nos propusemos, aqui, a alguma releitura, ainda que remota, da superabundância simbólica da obra, sobre a qual já se escreveram centenas de obras relevantes. Interessa-nos apenas tentar acompanhar de que modo a própria escrita kafkiana pode vir a se consubstanciar, nesse texto específico, em um manancial esclarecedor às ideias que até agora desenvolvemos no presente livro – o que explica que, se comente, aqui, apenas o que consideramos dizer respeito ao tema que nos interessa, numa consciente violência à grandeza do texto.

Assim, neste estudo, que aborda apenas alguns excertos da obra, e levando em consideração o que anteriormente se sugeriu em termos interpretativos a respeito da questão da justiça

---

[59]. F. Kafka, In der Strafkolonie, op. cit., p. 159-195. conforme já explicitado, utilizaremos a já clássica tradução de M. Carone, *Na Colônia Penal*, p. 29-30.

e de sua obliteração pela pronúncia do absoluto, ou, o que dá no mesmo, pela obliteração da linguagem, *do* Dizer, *no* Dito, apresentamos uma tese que aponta no seguinte sentido: *Na Colônia Penal* é o relato da obliteração de toda justiça pela obsessão pela "justiça absoluta", através da paralisia da linguagem que se expressa no dito "*a culpa é sempre indubitável*", frase central do texto. Essa obliteração, esse momento de detenção irrevogável, pronunciado no juízo de realidade do absoluto da culpa do acusado, encontra a sentença absoluta de *O Veredicto*.

* * *

O explorador – oriundo de alguma metrópole, em visita a alguma colônia – aceitara o convite de um oficial para assistir a execução de um condenado:

– É um aparelho singular – disse o oficial ao explorador, percorrendo com um olhar até certo ponto de admiração o aparelho que ele no entanto conhecia bem [...] O explorador parecia ter aceito só por polidez o convite do comandante, que o havia exortado a assistir à execução de um soldado por desobediência e insulto ao superior. Certamente o interesse pela execução não era muito grande nem na colônia penal. Pelo menos aqui no pequeno vale, profundo e arenoso, cercado de encostas nuas por todos os lados, estavam presentes, além do oficial e do explorador, apenas o condenado, uma pessoa de ar estúpido, boca larga, cabelo e rosto em desalinho, e um soldado que segurava a pesada corrente de onde partiam as correntes menores, com as quais o condenado estava agrilhoado pelos pulsos e cotovelos bem como pelo pescoço e que também se uniam umas às outras por cadeias de ligação. Aliás o condenado parecia de uma sujeição tão canina que a impressão que dava era de que se poderia deixá-lo vaguear livremente pelas encostas, sendo preciso apenas que se assobiasse no começo da execução para que ele viesse[60].

60. *Na Colônia Penal*, p. 29-30.

Temos desde já, aqui, o complexo quadro onde praticamente toda a narrativa acontecerá. Alguns elementos chamam já a atenção. O foco, desde a primeira frase, é a máquina, "um aparelho singular", que por si só merece admiração, senão franca devoção pela simbólica que significa, por parte do oficial. O explorador, por um gesto de polidez, está já exposto a acontecimentos dos quais não mais poderá se evadir. O soldado fora condenado por "desobediência e insulto a um superior", algo neste ponto ainda indefinido, mas que evoca um crime de gravidade igualmente singular, para que haja recebido a pena máxima. O interesse pela execução não era grande, o que leva à ideia de uma rotinização do procedimento *até mesmo* na colônia penal – uma estranha formulação, aparentemente absurda – pois onde, senão em uma colônia penal, tal gênero de procedimentos penais poderia ser levado a se tornar rotina? – mas que, na verdade, indicia algumas sutilezas na construção kafkiana de linguagem, na qual a redundância ou a obviedade assumem a feição do inusitado na medida em que o inusitado reveste-se de "normalidade", ou antes, de *normalização*.

A figura do condenado é lamentável – "uma pessoa de ar estúpido, boca larga, cabelo e rosto em desalinho" – uma combinação entre a *ideia* de selvagem e a *convicção* de que se tratava realmente de um selvagem, haja vista a combinação desproporcional e irrazoável entre o ato abominável que cometera e sua "sujeição tão canina". Temos aqui outra sutileza kafkiana: o mundo em que seus personagens se movem é de algum modo opaco, diz apenas o que diz a uma racionalidade incapaz de perceber o que se esconde nas profundidades. Já o soldado é impessoal, quase uma máquina também ele; ele é, apenas, a função que ocupa. Aqui, a opacidade é completa.

Nesse universo, que se reconfigura em termos de alguns graves desencontros com o racionalmente esperável, a atitude do explorador não poderia ser senão também algo desencontrada, expressão de algum tipo de incompreensão ou constrangimento.

O explorador tinha pouco interesse pelo aparelho e andava de um lado para outro por trás do condenado, com uma indiferença quase visível, enquanto o oficial providenciava os últimos preparativos, ora rastejando sob a máquina assentada fundo na terra, ora subindo uma escada para examinar as partes de cima. Eram trabalhos que na realidade poderiam ter sido deixados para um mecânico, mas o oficial os realizava com grande zelo, seja porque era um adepto especial do aparelho, seja porque não podia, por outras razões, confiar essa tarefa a mais ninguém.

– Agora está tudo pronto! – finalmente exclamou e desceu da escada.

Estava excepcionalmente esgotado, respirava de boca aberta e tinha enfiado à força dois delicados lenços de mulher sob a gola do uniforme.

– Esses uniformes são sem dúvida muito pesados para os trópicos – disse o explorador, ao invés de se informar sobre o aparelho, como o oficial havia esperado.

– É verdade – disse o oficial lavando as mãos encardidas de óleo e graxa num balde de água já à disposição. – Mas eles simbolizam a pátria e a pátria nós não podemos perder[61].

Temos aqui toda uma ritualização idolátrica; com o pretexto de preparar a máquina para a execução, o oficial – "adepto especial do aparelho" – a reverencia examinando-a por todos os lados, chegando a rastejar sob ela. Como trabalho, tais preparativos bem poderiam ter sido deixados à responsabilidade de algum mecânico; como culto, deveram ser realizados pelo oficial em pessoa, "com grande zelo".

61. Idem, p. 30.

O ritual o esgota, pois exige todas suas energias; todavia, o explorador, ainda *paralelo* aos acontecimentos centrais, destaca entre os atos um dos mais insignificantes — "dois lenços de mulher delicadamente enfiados à força sob a gola do uniforme" — mas não há como se desviar do culto, do qual todos os atos e objetos, de algum modo, estão afeitos ou são expressão senão da materialidade do aparelho, da simbologia da pátria "que nós não podemos perder". Uma outra expressão de opacidade: nada, até agora, revelou nas atitudes do oficial mais do que *reverência*; até mesmo o fato de claramente se sujeitar a trajes impróprios para os trópicos, como nota o explorador, faz parte da *inteireza reverencial* no qual o oficial se constitui.

Essa inteireza reverencial segue sua lógica; a passagem do concreto ao simbólico ou abstrato, já esboçada na referência à pátria, é agora explicitada:

— Mas agora venha ver este aparelho — acrescentou logo em seguida, enxugando as mãos com uma toalha enquanto apontava para o aparelho. — Até este instante era necessário o trabalho das mãos, mas daqui para a frente ele funciona completamente sozinho"[62].

A rigidez empertigada do oficial está agora prestes a chegar ao seu ápice gozoso:

O explorador assentiu com a cabeça e acompanhou o oficial. Este procurou se assegurar contra qualquer incidente e depois disse:
— Naturalmente surgem problemas; espero na verdade que hoje não apareça nenhum; mas de qualquer modo é preciso contar com eles. O aparelho deve ficar em funcionamento doze horas sem interrupção.

---

62. Idem, ibidem.

Se no entanto houver problemas, eles serão muito pequenos e a solução será imediata.

— O senhor não quer se sentar? — perguntou por fim, puxou de uma pilha uma cadeira de palha e a ofereceu ao explorador.

Este não pôde recusar. Estava agora à beira de um fosso, sobre o qual lançou um olhar fugidio. Não era muito fundo. De um lado do fosso a terra escavada estava amontoada num talude, do outro ficava o aparelho.

— Não sei se o comandante já explicou o aparelho para o senhor — disse o oficial.

O explorador fez um movimento vago com a mão; o oficial não desejava nada melhor, pois agora ele próprio podia explicar o aparelho[63].

A atitude do oficial é toda ela tradução de uma extrema prudência contra imprevistos — "procurou se assegurar contra qualquer incidente" — e, caso esses aconteçam, "serão pequenos e a solução será imediata"; porque o foco da questão é agora a autorreferência simbólica do procedimento, sua efetivação, a duração de doze horas que penetra o mecanismo e lhe dá vida: é o *tempo simbólico* da sentença que é, igualmente, acontecimento que nenhum *tempo imprevisto* — ou seja, nenhuma temporalidade *real* — deve interditar ou disfuncionar, tempo simbólico rigidamente demarcado e repleto de evocações que não cumpre analisar aqui, mas que demarca com clareza o limite estrito dos acontecimentos que deverão se seguir — a ritualística sacrificial passa, sempre, pela demiurgia das dimensões incontroláveis do tempo.

Há agora a necessidade de esclarecer a gênese do aparelho, e disso se encarrega o oficial, destacando suficientemente o quanto ele é obra — expressão, "vida morta" — do antigo comandante:

63. Idem, p. 30-31.

— Este aparelho — disse, segurando uma manivela sobre a qual se apoiou — é uma invenção do nosso antigo comandante. Colaborei desde as primeiras experiências e participei de todos os trabalhos até a conclusão. No entanto o mérito da invenção pertence totalmente a ele. O senhor já ouviu falar do nosso antigo comandante? Não? Bem, não estou falando demais quando digo que a instalação de toda a colônia penal é obra sua. Nós, amigos dele, já sabíamos, por ocasião da sua morte, que a organização dela é tão fechada em si mesma, que o seu sucessor, mesmo tendo na cabeça milhares de planos novos, não poderia mudar nada pelo menos durante muitos anos. Nossa previsão estava certa; o novo comandante teve de reconhecer isso. É uma pena que o senhor não tenha conhecido o antigo comandante![64]

Trata-se de uma invenção extremamente meritória, mérito este do qual o oficial, em modéstia subserviente, se apressa em se afastar. Mas o aparelho é apenas uma parte visível de um todo algo menos localizável num primeiro momento: a colônia penal como tal era em sua inteireza, uma grande *obra*. E, não obstante, a colônia penal, desde essa que é sua primeira descrição, se constitui em uma *Totalidade* no sentido em que utilizamos este termo, "uma organização tão fechada em si mesma" que é praticamente imutável, por mais ideias novas que pudessem verter da administração do novo comandante. *Na colônia penal, o tempo se deteve, pelo menos por muitos anos.* Como em toda Totalidade, seu âmago, o que realmente a constitui, é a *paralisia do tempo*[65].

E, também como no caso de qualquer Totalidade, a racionalidade constitutiva da mesma se *naturaliza* e *opacifica* simultaneamente ao longo do processo de seu estabelecimento — passa a fazer parte da paisagem racional como uma obviedade. *Toda*

---

64. Idem, p. 31-32.
65. Cf. R. T. de Souza, *Totalidade & Desagregação*.

Totalidade tem na pretensa obviedade de seu perdurar um de seus esteios maiores, ou seja: este é o *seu* argumento – no que se refere às *três* partes do aparelho[66], "com o correr do tempo surgiram denominações populares para cada uma delas"[67].

O fato é que, esclarecido sobre a racionalidade gigantesca da Totalidade em questão, a racionalidade do explorador, *ofuscada pela luz excessiva do sol*, a luminosidade de uma racionalidade sem falhas nem frestas, já dá mostras de cansaço:

– Rastelo? – perguntou o explorador.

Ele não tinha escutado com muita atenção, o sol forte demais se enredava no vale sem sombras, era com dificuldade que se juntavam os pensamentos. Tanto mais digno de admiração lhe parecia o oficial, que, na sua farda justa, própria para um desfile, carregada de dragonas, guarnecida de cordões, dava as explicações com tamanho fervor – além do que, enquanto falava, apertava aqui e ali um parafuso com uma chave de fenda. O soldado parecia estar num estado semelhante ao do explorador. Tinha enrolado a corrente do condenado em volta dos pulsos, apoiava-se com uma das mãos sobre o fuzil e, deixando a cabeça pender sobre a nuca, não se interessava por nada. O explorador não ficou espantado com isso, pois o oficial falava francês e certamente nem o condenado nem o soldado entendiam francês. De qualquer modo chamava ainda mais a atenção o fato de que o condenado, apesar disso, se esforçasse para seguir as explicações do oficial. Com uma espécie de pertinácia sonolenta, dirigia o olhar para onde quer que o oficial apontasse e quando este então foi interrompido pelo explorador

---

66. Não discorreremos no presente contexto, por óbvio, sobre a simbólica do "3", da ideia de completude à configuração de algum tipo de momento dialético do pensar que o número comporta.

67. "– Mas – interrompeu-se o oficial – fico tagarelando e o aparelho está aqui à nossa frente. Como se vê, ele se compõe de três partes. Com o correr do tempo surgiram denominações populares para cada uma delas. A parte de baixo tem o nome de cama, a de cima de desenhador e a do meio, que oscila entre as duas, se chama de rastelo". *Na Colônia Penal*, p. 32.

com uma pergunta, também ele, da mesma forma que o oficial, olhou para o explorador[68].

A *função* do oficial é exatamente esta: na *justeza* de sua farda funcional e ornamentada de dragonas, *ajustar* fervorosamente *tanto* a complexa explicação sobre o aparelho *quanto* o aparelho mesmo – que configuram, por sua vez e conjuntamente, nada mais do que *aspectos* da mesma Totalidade. O soldado é assaltado por uma abulia semelhante à do explorador; engrenagem daquele mundo, é igualmente um elemento estranho, ao qual aquele mundo nada diz, nada que possa lhe interessar, pois *não falam a mesma língua* – aquele mundo não é para ele. O condenado, por sua vez, transido pelo frenesi racional-explicatório, é movido de sua inconsciência no sentido de uma curiosidade impossível na qual perdura "com uma espécie de pertinácia sonolenta".

O oficial está, assim, suficientemente possuído de entusiasmo para iniciar a explicação detalhada do funcionamento do aparelho, sempre com a ressalva de que apenas ao vê-lo funcionando o explorador *realmente* o entenderá, pois toda imagem é *fraca* frente ao real:

– É, rastelo – disse o oficial. – O nome combina. As agulhas estão dispostas como as grades de um rastelo e o conjunto é acionado como um rastelo, embora se limite a um mesmo lugar e exija muito maior perícia. Aliás o senhor vai compreender logo. Aqui sobre a cama coloca-se o condenado. Quero no entanto primeiro descrever o aparelho e só depois fazê-lo funcionar eu mesmo. Aí o senhor poderá acompanhá-lo melhor. No desenhador há uma engrenagem muito gasta, ela range bastante quando está em movimento, nessa hora mal dá para entender o que se fala; aqui infelizmente é muito difícil obter peças de reposição. Muito

---

68. Idem, p. 32-33.

bem: como eu disse, esta é a cama. Está totalmente coberta com uma camada de algodão; o senhor ainda vai saber qual é o objetivo dela. O condenado é posto de bruços sobre o algodão, naturalmente nu; aqui estão, para as mãos, aqui para os pés e aqui para o pescoço, as correias para segurá-lo firme. Aqui na cabeceira da cama, onde, como eu disse, o homem apoia primeiro a cabeça, existe este pequeno tampão de feltro, que pode ser regulado com a maior facilidade, a ponto de entrar bem na boca da pessoa. Seu objetivo é impedir que ela grite ou morda a língua. Evidentemente o homem é obrigado a admitir o feltro na boca, pois caso contrário as correias do pescoço quebram sua nuca[69].

E aqui aparece a verdadeira ressalva: as engrenagens do aparelho rangem durante seu funcionamento, o que causa a quase inaudibilidade do que então se diz, do que alguém diga, ou seja: *a linguagem quase cessa*, perde-se em si mesma, extingue-se, dando lugar à língua *verdadeira* da Totalidade em funcionamento, a língua do funcionamento da máquina que dá ordem às complicadas peças na direção de um *único* objetivo, o único objetivo *real*, o funcionamento do aparelho que o rangir traduz.

O explorador, em sua apatia, acaba "um pouco conquistado pelo aparelho"[70] – afinal, as quatro barras de latão que sustentavam a enorme estrutura "quase emitiam raios sob o sol"[71]:

— Isso é algodão? — perguntou o explorador, inclinando-se para a frente.
— Sem dúvida – respondeu sorrindo o oficial. – Sinta o senhor mesmo.
Pegou a mão do explorador e passou-a sobre a cama.

---

69. Idem, p. 33.
70. Idem, ibidem.
71. Idem, ibidem.

– É um algodão especialmente preparado, por isso parece tão irreconhecível; ainda volto a falar sobre sua finalidade.

O explorador já estava um pouco conquistado pelo aparelho; protegendo-se contra o sol com a mão sobre os olhos, levantou a vista para ele. Era uma estrutura bem grande. A cama e o desenhador tinham as mesmas dimensões e pareciam duas arcas escuras. O desenhador estava disposto a cerca de dois metros sobre a cama; ambos se ligavam nas pontas por quatro barras de latão que quase emitiam raios sob o sol. Entre as arcas oscilava, preso a uma fita de aço, o rastelo[72].

O rastelo é o coração do aparelho, e, ao mesmo tempo, a sua visibilidade; é ele que escreverá o que tem de ser escrito na carne do prisioneiro: a sentença. Isso exige, do explorador – e, por derivação, do condenado –, um período de "contemplação tranquila":

O oficial mal tinha notado antes a indiferença do explorador, mas estava alerta para o interesse que agora aflorava; por isso suspendeu as explicações para dar ao explorador tempo para uma contemplação tranquila. O condenado imitou o explorador; já que não podia colocar a mão acima dos olhos, ficou piscando para o alto com a vista desprotegida.
– Pois bem, o homem agora está deitado – disse o explorador enquanto se recostava na cadeira e cruzava as pernas.
– Sim – disse o oficial, empurrando o quepe um pouco para trás e passando a mão pelo rosto acalorado. – Agora ouça: tanto a cama como o desenhador têm bateria elétrica própria; a cama precisa da energia para si mesma, o desenhador para o rastelo. Assim que o homem está manietado, a cama é posta em movimento. Ela vibra com sacudidas mínimas e muito rápidas simultaneamente para os lados, para cima e para baixo. O senhor deve ter visto aparelhos semelhantes em casas de saúde; a diferença é que na nossa cama todos os movimentos são calculados com precisão; de fato eles precisam estar em estrita consonância com os movimentos do rastelo. Mas é a este que se entrega a execução propriamente da sentença[73].

72. Idem, ibidem.
73. Idem, p. 34.

Tudo necessita estar em consonância, com extrema precisão; *mas quem executa propriamente a sentença é o rastelo*. Toda a máquina, a combinação cuidadosa de fontes de energia independentes, a planificação cuidadosa que deu origem ao complexo, a história de uma planificação que chega ao seu termo, tudo isso alcança agora o apogeu porque se dirige a uma finalidade *única*, e esta finalidade é a execução da sentença. *É na sentença que se exprime a verdadeira realidade da Totalidade*. Resta saber o que diz a sentença.

– E o que diz a sentença? – perguntou o explorador.
– Nem isso o senhor sabe? – retrucou com espanto o oficial, mordendo os lábios. – Perdoe-me se por acaso minhas explicações estão fora de ordem; peço-lhe muitas desculpas. Antigamente era o comandante que costumava dá-las, mas o novo furtou-se a esse dever de honra; que ele, no entanto, a um visitante tão ilustre – o explorador tentou repelir a homenagem com ambas as mãos, mas o oficial insistiu na expressão –, que a um visitante tão ilustre ele não informe nem mesmo sobre a forma da sentença, é outra inovação que – tinha uma praga entre os lábios, mas se conteve e disse apenas:
– Não fui cientificado disso, a culpa não é minha. Seja como for, aliás, estou nas melhores condições de esclarecer nossos tipos de sentença, pois trago aqui – bateu no bolso do peito – os desenhos correspondentes, feitos à mão pelo antigo comandante.
– Desenhos feitos pelo próprio comandante? – perguntou o explorador. – Então ele reunia em si mesmo todas as coisas? Era soldado, juiz, construtor, químico, desenhista?
– Certamente – disse o oficial meneando a cabeça com olhar fixo e pensativo[74].

Antes que a sentença seja elucidada, é necessário ressaltar que o comandante, enquanto expressão ativa do processo

---

74. Idem, p. 35-36.

totalizante que culmina agora no refulgente aparelho, faiscante à luz do sol inclemente, "reunia em si mesmo todas as coisas". A sentença – que, para estupefação do oficial, o explorador *ainda* não conhece – já está de algum modo claramente expressa, desde sempre *Dita*: é a expressão da *reunião* de todas as coisas pelo antigo comandante, é a reunião do *todo* que se expressa pelas inúmeras sentenças cuidadosamente desenhadas. Há materialidades, porém; as sentenças estão escritas em papéis que cumpre segurar com cuidado ritualístico:

A seguir inspecionou as mãos; elas não lhe pareceram suficientemente limpas para pegar nos desenhos; por isso foi até o balde e lavou-as outra vez. Depois tirou do bolso uma pequena carteira de couro e disse:
– Nossa sentença não soa severa. O mandamento que o condenado infringiu é escrito no seu corpo com o rastelo. No corpo deste condenado, por exemplo – o oficial apontou para o homem –, será gravado: Honra o teu superior!
O explorador levantou fugazmente os olhos na direção do homem; este manteve a cabeça baixa quando o oficial apontou para ele, parecendo concentrar toda a energia da audição para saber de alguma coisa. Mas o movimento dos seus lábios protuberantes e comprimidos mostrava claramente que não conseguia entender nada. O explorador queria perguntar diversas coisas, mas à vista do homem indagou apenas:
– Ele conhece a sentença?
– Não – disse o oficial, e logo quis continuar com as suas explicações. Mas o explorador o interrompeu:
– Ele não conhece a própria sentença?
– Não – repetiu o oficial e estacou um instante, como se exigisse do explorador uma fundamentação mais detalhada da sua pergunta; depois disse:
– Seria inútil anunciá-la. Ele vai experimentá-la na própria carne[75].

75. Idem, p. 36.

A sentença "não soa severa", embora vá ser escrita no corpo do condenado. A *verdadeira linguagem severa é a da carne*; todas as outras linguagens são finalmente irrelevantes. O condenado não necessita conhecer a sentença: *ele a conhecerá sem a conhecer, de um modo que nenhum conhecimento permite*. Nenhuma racionalidade precária substitui a realidade da Totalidade. A curiosidade do explorador é tola e inútil: linguagens indagativas – interlocuções – não são bem-vindas, apenas asserções *definitivas*, nas quais dúvida alguma se faz presente, contam, por fidelidade ao todo. Tudo o demais é dispensável e inútil. O fastio iluminado do oficial que não entende como o explorador não compreende isso é uma das mais magistrais expressões da escrita kafkiana. A resposta à questão é uma apenas: *carne*. "Ele vai experimentá-la na própria carne". O não saber do condenado – *que não sabe, ao menos, que foi condenado* – é irrelevante frente ao saber *absoluto* da sentença:

> O explorador já estava querendo ficar quieto quando sentiu que o condenado lhe dirigia o olhar; parecia indagar se ele podia aprovar o procedimento descrito. Por isso o explorador, que já tinha se recostado, inclinou-se de novo para a frente e ainda perguntou:
> – Mas ele certamente sabe que foi condenado, não?
> – Também não – disse o oficial e sorriu para o explorador, como se ainda esperasse dele algumas manifestações insólitas.
> – Não – disse o explorador passando a mão pela testa. – Então até agora o homem ainda não sabe como foi acolhida sua defesa?
> – Ele não teve oportunidade de se defender – disse o oficial, olhando de lado como se falasse consigo mesmo e não quisesse envergonhar o explorador com o relato de coisas que lhe eram tão óbvias.
> – Mas ele deve ter tido oportunidade de se defender – disse o explorador erguendo-se da cadeira[76].

76. Idem, p. 37.

Detalhes: a curiosidade do explorador com impertinências relativamente a procedimentos, idas e vindas, hesitações, perguntas e respostas, prejudica a percepção do foco daquilo que *realmente* interessa; fica evidente ao oficial a necessidade de esclarecer ao explorador tudo o que passa pela descrição dos fatos de uma vez por todas, para que a *simplicidade* dos acontecimentos finalmente tenha lugar. Encontramos aqui, neste relato compacto, o cerne de todo o texto: *"a culpa é sempre indubitável"*. E, portanto, tudo o que diz respeito ao *tempo* é supérfluo, pois foi anulado *a priori* pela inquestionabilidade da culpa indubitável *a priori*. E há urgência, pois, apesar de tudo, o tempo *passa*, continua assombrando até mesmo o absoluto:

O oficial se deu conta de que corria perigo de ser interrompido por longo tempo na explicação do aparelho; por isso caminhou até o explorador, tomou-o pelo braço, indicou com a mão o condenado, que agora se punha em posição de sentido, já que a atenção se dirigia a ele com tanta evidência – o soldado também deu um puxão na corrente –, e disse:

– As coisas se passam da seguinte maneira. Fui nomeado juiz aqui na colônia penal. Apesar da minha juventude. Pois em todas as questões penais estive lado a lado com o comandante e sou também o que melhor conhece o aparelho. O princípio segundo o qual tomo decisões é: a culpa é sempre indubitável. Outros tribunais podem não seguir esse princípio, pois são compostos por muitas cabeças e além disso se subordinam a tribunais mais altos. Aqui não acontece isso, ou pelo menos não acontecia com o antigo comandante. O novo, entretanto, já mostrou vontade de se intrometer no meu tribunal, mas até agora consegui rechaçá-lo – e vou continuar conseguindo. O senhor queria que eu lhe esclarecesse este caso; é tão simples como todos os outros. Hoje de manhã um capitão apresentou a denúncia de que este homem, que foi designado seu ordenança e dorme diante da sua porta, dormiu durante o serviço. Na realidade ele tem o dever de se levantar a cada hora que soa e bater continência diante da porta do capitão. Dever sem dúvida nada difícil, mas necessário, pois ele precisa ficar desperto tanto para vigiar como para servir. Na noite de ontem o capitão quis verificar se o ordenança cumpria o seu dever. Abriu a porta às duas horas e o encontrou dormindo todo encolhido. Pegou o chicote de montaria e vergastou-o no rosto. Ao invés de se levantar e pedir perdão, o homem agarrou o superior pelas pernas, sacudiu-o e disse: "Atire fora o chicote ou eu o engulo vivo!" São estes os fatos. Faz uma hora o capitão se dirigiu a mim, tomei nota das declarações e em seguida lavrei a sentença. Depois determinei que pusessem o homem na corrente. Tudo isso foi muito simples. Se eu tivesse primeiro intimado e depois interrogado o homem, só teria surgido confusão. Ele teria mentido, e se eu o tivesse desmentido, teria substituído essas mentiras por outras e assim por diante. Mas agora eu o agarrei e não o largo mais. Está tudo esclarecido? Mas o tempo está passando, a execução já deveria começar e ainda não acabei de explicar o aparelho[77].

O bloco explicativo mais importante – concessão à pouca acurada inteligência do explorador, desacostumada a lidar com focos de luz tão claros – está completo, tão indubitável quanto a culpa do condenado. Um *jovem* juiz que encarna em si toda a antiguidade da pretensão da justiça indubitável, eterna. "Tudo foi muito simples", pois qualquer complicação que não sirva à simplicidade absoluta é dispensada previamente. Considerações dubitativas são inconvenientes e finalmente inúteis. Agora, a similitude da máquina com o corpo é destacada:

Fez com que o explorador se sentasse na cadeira, voltou ao aparelho e começou:
— Como o senhor vê, o rastelo corresponde à forma do ser humano; este aqui é o rastelo para o tronco, estes outros os rastelos para as pernas. Para a cabeça está destinado apenas este pequeno estilete. Está claro?
Inclinou-se amavelmente em direção ao explorador, pronto para esclarecimentos mais abrangentes[78].

---

77. Idem, p. 38-39.
78. Idem, p. 39.

"O rastelo corresponde à forma do ser humano" – a máquina é o homem, o homem, penetrado pela máquina, se torna máquina.

Com o cenho franzido o explorador observou o rastelo. As informações sobre o procedimento judicial não o tinham deixado satisfeito. Teve contudo de admitir a si mesmo que aqui se tratava de uma colônia penal, que eram necessárias medidas excepcionais e que se precisava proceder até o limite de modo militar. Além disso depositava alguma esperança no novo comandante, que, embora devagar, pretendia evidentemente introduzir um procedimento novo que não podia entrar na cabeça limitada deste oficial. Partindo desse raciocínio o explorador perguntou:

– O comandante vai assistir à execução?

– Não é certeza – disse, dolorosamente tocado pela pergunta sem mediações, o oficial, cuja expressão amigável se decompôs. – Exatamente por isso precisamos nos apressar. Por mais que o lamente, vou ter até de abreviar minhas explicações. Mas amanhã, quando o aparelho estiver outra vez limpo – seu único defeito é ficar tão sujo –, poderia acrescentar os esclarecimentos mais pormenorizados. Agora, portanto, só o estritamente necessário. Quando o homem está deitado na cama e esta começa a vibrar, o rastelo baixa até o corpo. Ele se posiciona automaticamente de tal forma que toca o corpo apenas com as pontas; quando o contato se realiza, este cabo de força fica imediatamente rígido como uma barra. E aí começa a função. O não iniciado não nota por fora nenhuma diferença nas punições. O rastelo parece trabalhar de maneira uniforme. Vibrando, ele finca suas pontas no corpo, que além disso vibra por causa da cama. Para possibilitar que todos vistoriem a execução da sentença, o rastelo foi feito de vidro. Fixar nele as agulhas deu origem a algumas dificuldades técnicas, mas depois de muitas tentativas o objetivo foi alcançado. Não poupamos esforços para isso. E agora qualquer um pode ver através do vidro como se realiza a inscrição no corpo. O senhor não quer chegar mais perto para observar as agulhas?[79]

79. Idem, p. 39-40.

O explorador não havia ficado satisfeito com as explicações do oficial, e, num procedimento tipicamente kafkiano, inicia um processamento interno dos dados a fim de localizar algum tipo improvável de justificativa, ou remota legitimação, para o que considera desde sempre aberrante ou inadequado. E, num desenrolar que se traduz igualmente muitas vezes na letra kafkiana, sua lógica privada de argumentos é interrompida pelo retorno algo intempestivo do real que acontece à sua frente – pode-se recordar aqui tanto a famosa frase do pai em *resposta* a Georg Bendemann – "a resposta colide com a pergunta" como certas passagens de *O Processo*. "Agora, portanto, só o estritamente necessário" – o necessário é a punição em sua sutileza, que a distingue de outras similares e delas não discerníveis para "não iniciados" – apenas aos iniciados é possível perceber a racionalidade específica do que está acontecendo. Não resta nada, portanto, senão se deixar instruir pelo que se expressa no código material que o maquinismo significa:

O explorador ergueu-se devagar, andou até lá e se inclinou sobre o rastelo.
– O senhor está vendo dois tipos de agulhas em disposições variadas – disse o oficial. – Cada agulha comprida tem ao seu lado uma curta. A comprida é a que escreve, a curta esguicha água para lavar o sangue e manter a escrita sempre clara. A água e o sangue são depois conduzidos aqui nestas canaletas e escorrem por fim para a canaleta principal, cujo cano de escoamento leva ao fosso.
O oficial indicava com o dedo o caminho exato que a água e o sangue tinham de seguir. Quando, para tornar o quadro o mais vívido possível, o oficial literalmente ficou com as mãos em concha para recolher o fluxo na embocadura do cano de escoamento, o explorador suspendeu a cabeça e, tateando com a mão para trás, quis recuar até a sua cadeira. Viu então com horror que o condenado havia, como ele, seguido

o convite do oficial para examinar de perto a disposição do rastelo. Ele tinha arrastado um pouco o soldado sonolento pela corrente e também se debruçara sobre o vidro. Via-se como buscava, com o olhar incerto, aquilo que os dois senhores tinham observado, mas não conseguia, já que lhe faltava a explicação. Inclinava-se para cá e para lá. Percorria o vidro continuamente com o olhar. O explorador quis afastá-lo, pois o que estava fazendo provavelmente era passível de punição. Mas o oficial reteve firmemente o explorador com uma mão, com a outra pegou um torrão de terra do talude e atirou-o em direção ao soldado. Este levantou os olhos num sobressalto, viu o que o condenado tinha ousado fazer, deixou o fuzil cair, fincou os tacões no chão, puxou o condenado com tanta força para trás que ele logo caiu e o fitou de cima para baixo, enquanto o condenado se contorcia fazendo as correntes rangerem.

– Ponha-o em pé! – gritou o oficial, pois notou que a atenção do explorador estava sendo desviada demais pelo condenado.

O explorador chegou a se inclinar sobre o rastelo, sem se importar com ele, interessado apenas em verificar o que acontecia com o condenado.

– Trate-o com cuidado! – gritou de novo o oficial. Deu a volta em torno do aparelho e agarrou pessoalmente pelas axilas o condenado, que às vezes escorregava, e com a ajuda do soldado colocou-o de pé.

– Já sei tudo agora – disse o explorador quando o oficial se dirigiu de volta a ele[80].

"Lavar o sangue" – não tem consistido, ao fim de contas, em outra coisa a tarefa póstuma da violência finamente institucionalizada – máquina de punições – senão em lavar o sangue de suas vítimas, diluí-lo com água, o solvente universal, e vertê-lo à terra, que tudo absorve.

O explorador pretende saber já tudo; bem pode imaginar o que se seguirá. Mas, afinal, não sabe nada; não sabe como se justifica o que se seguirá, desde o indecifrável que se decifra apenas a partir de sua própria lógica:

---

80. Idem, p. 40-41.

— Tudo, menos o mais importante — disse o oficial segurando o explorador pelo braço e apontando para cima. — Lá no desenhador ficam as engrenagens que comandam o movimento do rastelo; elas estão dispostas segundo o desenho que acompanha o teor da sentença. Eu ainda uso os desenhos do antigo comandante. Aqui estão eles — puxou algumas folhas da carteira de couro —, mas infelizmente não os posso pôr na sua mão, são a coisa mais preciosa que eu tenho. Sente-se, eu os mostro ao senhor desta distância, assim poderá ver tudo bem.

Mostrou a primeira folha. O explorador gostaria de dizer algo aprovador, mas enxergava apenas linhas labirínticas, que se cruzavam umas com as outras de múltiplas maneiras e cobriam o papel tão densamente que só com esforço se distinguiam os espaços em branco entre elas.

— Leia — disse o oficial.

— Não consigo — disse o explorador.

— Mas está nítido — disse o oficial.

— Muito engenhoso — disse evasivamente o explorador. — Mas não consigo decifrar nada.

— Sim — disse o oficial rindo e guardando de novo a carteira. — Não é caligrafia para escolares. É preciso estudá-la muito tempo. Sem dúvida o senhor também acabaria entendendo. Naturalmente não pode ser uma escrita simples, ela não deve matar de imediato, mas em média só num espaço de tempo de doze horas; o ponto de inflexão é calculado para a sexta hora. É preciso portanto que muitos floreios rodeiem a escrita propriamente dita; esta só cobre o corpo numa faixa estreita; o resto é destinado aos ornamentos. O senhor consegue agora apreciar o trabalho do rastelo e de todo o aparelho? Veja[81].

81. Idem, p. 42-43. Continua: "Saltou sobre a escada, girou uma engrenagem e gritou para baixo: — Atenção, fique de lado! [...] Compreende o processo? O rastelo começa a escrever; quando o primeiro esboço de inscrição nas costas está pronto, a camada de *algodão rola,* fazendo o corpo virar de lado lentamente, a fim de dar mais espaço para o rastelo. Nesse ínterim as partes feridas pela escrita entram em contato com o algodão, o qual, por ser um produto de tipo especial, estanca instantaneamente o sangramento e prepara o corpo para novo aprofundamento da escrita. Então, à medida que o corpo continua a virar, os dentes na extremidade do rastelo removem o algodão das feridas, atiram-no ao fosso e o rastelo tem trabalho outra vez. Assim ele vai escrevendo cada vez mais fundo

Num papel extremamente precioso está escrito algo absolutamente claro para quem conhece e absolutamente ilegível para quem permanece fora da lógica da razão labiríntica. As linhas ornamentais se justificam, os floreios têm uma razão de ser – a punição tem de ser demorada – nada acontece sem razão. Uma razão absoluta, absolutamente transparente a si mesma, absolutamente opaca – sem interstícios, sem respirações – ao que não é ela, diz o que apenas ela entende – pois trata-se, finalmente, de uma razão ornamental.

Segue-se então, no relato do oficial, a execução da sentença; após os preâmbulos, o ápice:

Mas como o condenado fica tranquilo na sexta hora! O entendimento ilumina até o mais estúpido. Começa em volta dos olhos. A partir daí se espalha. Uma visão que poderia seduzir alguém a se deitar junto embaixo do rastelo. Mais nada acontece, o homem simplesmente começa a decifrar a escrita, faz bico com a boca como se estivesse escutando. O senhor viu como não é fácil decifrar a escrita com os olhos; mas o nosso homem a decifra com os seus ferimentos. Seja como for exige muito trabalho; ele precisa de seis horas para contemplá-lo. Mas aí o rastelo o atravessa de lado a lado e o atira no fosso, onde cai de

durante as doze horas. Nas primeiras seis o condenado vive praticamente como antes, apenas sofre dores. Depois de duas horas é retirado o tampão de feltro, pois o homem já não tem mais força para gritar. Aqui nesta tigela aquecida por eletricidade, na cabeceira da cama, é colocada papa de arroz quente, da qual, se tiver vontade, o homem pode comer o que consegue apanhar com a língua. Nenhum deles perde a oportunidade. Eu pelo menos não conheço nenhum, e minha experiência é grande. Só na sexta hora ele perde o prazer de comer. Nesse momento, em geral eu me ajoelho aqui e observo o fenômeno. Raramente o homem engole o último bocado, apenas o revolve na boca e o cospe no fosso. Preciso então me agachar, senão escorre no meu rosto" (idem, p. 43-45).

estalo sobre o sangue misturado à água e o algodão. A sentença está então cumprida e nós, eu e o soldado, o enterramos[82].

A luz chega do interior da dor – "começa em volta dos olhos". A carne decifrou o mundo, e o êxtase da visão convida outros a compartilhá-lo. *A totalidade é perfeita*, e a morte seu cumprimento[83], o *cumprimento da sentença*.

---

82. Idem, p. 44-45.
83. Compare-se com a frase inicial da *Estrela da Redenção*, de Franz Rosenzweig, na qual a morte é exatamente o contrário, ou seja, o impedimento da intelecção do Todo (Cf. *Der Stern der Erlösung*, p. 4).

Excurso –
Justiça, Liberdade e Alteridade Ética –
Sobre a Metamorfose do Sentido[1]

Introdução

A questão que norteia a presente reflexão pode ser sintetizada do seguinte modo: é a subordinação categorial do conceito de justiça ao conceito de liberdade, como se naturalizou pensar, implícita ou explicitamente, ao longo dos últimos séculos, a forma mais adequada de repropor a questão da justiça na contemporaneidade, *ou* a própria contemporaneidade está a exigir uma nova estruturação argumentativa, de índole ético--axiológica, no que diz respeito a esse tema, que vá ainda além daquilo que o melhor da leitura da tradição pode oferecer? A partir do que desenvolvemos neste livro até aqui, parece-nos a segunda hipótese a mais apropriada.

---

1. Este texto atualiza e modifica substancialmente o original Justiça, Liberdade e Alteridade Ética. Sobre a Questão da Radicalidade da Justiça desde o Pensamento de E. Levinas, *Veritas*, v. 46, n. 2, posteriormente em D. G. Souza; N. F. de Oliveira (orgs.), *Justiça e Política*.

Assim, o presente Excurso, para além de se constituir em uma interpretação direta, embora absolutamente não exaustiva, do tema da justiça no pensamento de Emmanuel Levinas, se constitui em um trabalho de reorganização de elementos fundamentais para o equacionamento de tal questão, de uma perspectiva geral de inteligibilidade da realidade, enquanto *locus* de ocorrência do encontro com a alteridade do Outro: a situação de *efetivação* propriamente dita – concreta – da justiça examinada desde suas *condições filosóficas* mais estritas de possibilidade. A questão que se coloca, e que temos desenvolvido em outros trabalhos[2], é: o que deve significar liberdade, hoje, para que a questão da justiça não seja, na discussão atual, natimorta em sua radicalidade? Em tais termos, é apenas nessa dimensão que a questão da justiça será aqui pensada: não como tema teórico de uma teoria social ou sócio-histórica *independente* das determinações da necessidade absoluta da justiça, nem ao menos *subsistente* enquanto tal. Em outras palavras, a justiça não se propõe, segundo as reflexões que aqui se desenvolvem, na condição de algo teórica ou faticamente *aposta* a uma realidade subsistente, mas, sim, enquanto *constitutivo essencial* da própria realidade meramente pensável, ou seja: como uma *dimensão da racionalidade* que refere maximamente à concretude. Portanto, justiça tem, aqui, o sentido de *determinação fundamental da realidade*. Esse tema, por nós desenvolvido em outros trabalhos[3], será adiante revisitado à luz dos acontecimento eco-sociopolíticos deste início de século XXI.

---

2. Especialmente em nosso livro *Justiça em Seus Termos*, que sintetiza nossos trabalhos anteriores na elucidação dessa questão.
3. Cf. R. T. de Souza, *Razões Plurais*; *Ética como Fundamento*; entre outros.

A Liberdade Posta em Questão

Emmanuel Levinas se coloca, ao início da terceira seção do primeiro capítulo de *Totalité et Infini*[4], intitulado "Verdade e Justiça", a seguinte questão fundamental e clássica em sua formulação ao longo dos séculos: "Qual é a relação entre a justiça e a verdade?"[5] Essa questão é central para a compreensão posterior do tema da liberdade, e sua abordagem apropriada passa primeiramente por uma análise do conceito de verdade, análise na qual, desde já, na melhor tradição levinasiana, o tema da justiça é incisivamente presente e intervém na constituição da própria *ideia* de verdade. É desse entrelaçamento entre saber e justificação que é possível chegar à questão da *liberdade*, fundamental na discussão que se seguirá:

> A verdade [...] não se separa da inteligibilidade. Conhecer não é simplesmente constatar, mas sempre compreender. Diz-se também: conhecer é justificar, fazendo intervir, por analogia com a ordem moral, a noção de justiça. A justificação do fato consiste em lhe retirar o caráter de fato, de consumado, de passado e, por isso mesmo, de irrevogável que, como tal, põe obstáculo à nossa espontaneidade. Mas dizer que, por ser obstáculo à nossa espontaneidade, o fato é injusto, é supor que a espontaneidade não se põe em questão, que o exercício livre não está submetido às normas, mas que ele mesmo é a norma[6].

Toda verdade, toda promulgação ou juízo de verdade, traz consigo, evidentemente, uma ideia de compreensão: só

---

4. Utilizaremos a versão da Kluwer Academic, de mais fácil acesso. Todas as traduções são nossas. A obra será doravante abreviada TI.
5. TI, p. 80.
6. Idem, p. 80-81.

é possível afirmar o verdadeiro, ou *que* algo é verdadeiro, se o compreendemos. Assim, de algum modo, conhecer o verdadeiro é, simultaneamente, de forma implícita ou explícita, justificá-lo cognitivamente. E, todavia, o processo de conhecimento não é assim tão espontâneo. Ele sabe que os obstáculos têm de ser levados a sério, e que a quebra de espontaneidade, a inibição de suas autojustificativas, é uma condição para que o processo de conhecimento possa seguir exatamente enquanto processo, apropriação paulatina do caráter de verdade do real, entendendo-se como "real" aquilo que aparece à análise cognitiva que distingue verdade de falsidade. Há inúmeros obstáculos nesse processo,

e, no entanto, a preocupação de inteligibilidade distingue-se fundamentalmente de uma atitude que gera uma ação sem consideração pelo obstáculo. Ela significa, pelo contrário, um certo respeito pelo objeto. Para que o obstáculo se torne um fato que demande uma justificação teórica ou uma razão, é necessário que a espontaneidade da razão que o sobrepuja seja inibida, quer dizer, posta também ela em questão. É então que passamos de uma atividade sem consideração por nada a uma consideração de fato[7].

Assim, toda racionalidade é, desde sempre, uma *crítica* da razão. A realidade propôs-se como questão ao conhecimento, o fato *permaneceu "nele mesmo"*, enquanto problema ante a razão, exigindo a detenção dos processos cognitivos em torno à quebra de espontaneidade que ele, o fato, significa – eis a crítica. Mas isso indica uma certa "reserva de liberdade" que, *habitando o núcleo da própria crítica*, ou seja, aquilo que finalmente constitui o conhecimento verdadeiro do verdadeiro, não segue a lógica da espontaneidade da liberdade:

7. Idem, ibidem.

A famosa suspensão do ato, que tornaria a teoria possível, deve-se a uma reserva de liberdade que não se entrega a seus impulsos, aos seus movimentos espontâneos e mantém as distâncias. A teoria na qual surge a verdade é a atitude de um ser que desconfia de si mesmo. O saber só se torna saber de um fato se, ao mesmo tempo, for crítico, se se colocar em questão, se remontar aquém de sua origem[8].

Só se procura o que não se tem; só se procura o saber porque sua posse não é atual. Não há promulgação do absoluto da realidade, mas apenas do processo que encaminha uma crescente compreensão do sentido – verdadeiro – de realidade de uma realidade. A isso se chama conhecimento. O saber de um fato *expõe-se à realidade* enquanto crítica, à medida que sabe o fato, porque essa crítica, em última análise, o constitui, *pois o motivou*; há aí uma dimensão de *precariedade*, de processamento, que rompe com quaisquer projeções de onisciência que pudessem originar-se de um impulso de liberdade ingênua proveniente de alguma iluminação ou intuição suficiente do real. O real não se dá, nesse sentido, a intuições, mas, no máximo, ao árduo processo de conhecimento, habitado por uma dimensão de precariedade que simultaneamente o legitima enquanto procura e o interdita enquanto totalização. E é exatamente desde essa dimensão de precariedade que uma muito determinada ambiguidade vem à luz:

Pode-se compreender esta crítica de si, seja como uma descoberta de sua fraqueza, seja como uma descoberta da sua indignidade: isto é, quer como um conhecimento do fracasso, quer como uma consciência da culpabilidade. No último caso, justificar a liberdade não é demonstrá-la, mas torná-la justa[9].

8. Idem, p. 81.
9. Idem, ibidem.

Temos aqui a indicação de aonde a questão realmente conduz: se tudo o que temos da realidade é a árdua conquista de aspectos e momentos que se configuram como, exatamente reais – verdadeiros – e que, para isso, necessitam ser justificados, então todo o processo, mesmo a procura livre da realidade, não é óbvio ou autoevidente, mas precisa ser, igualmente, justificado – *tornado justo*. Demonstrar a liberdade é um segundo passo, ao qual o pensamento tem, de modo algo ingênuo, dirigido todos os seus holofotes intelectuais; tornar a liberdade justa, justificá-la, porém, é o passo primeiro, que parece estar diluído ou obviado na aventura do exercício da liberdade, como se não fosse, a rigor, intelectualmente importante – *embora seja o passo que determina todo o resto*.

Assim, essa ambiguidade, essa indecisão de fundo – expressão subreptícia de temporalidade, do *agir temporal*, indica a estrutura de uma interpretação que se opõe a uma venerável tradição filosófica no trato da questão da liberdade:

> Pode distinguir-se no pensamento europeu o predomínio de uma tradição que subordina a indignidade ao fracasso, a própria generosidade moral às necessidades do pensamento objetivo. A espontaneidade da liberdade não se coloca em questão. Só a sua limitação seria trágica e faria escândalo. A liberdade não se coloca em questão senão na medida em que, de algum modo, ela se encontra submetida a ela mesma: se eu pudesse haver escolhido livremente minha existência, tudo estaria justificado[10].

E é circunscrita aqui a origem comum à maioria das teorias da justiça, que nascem desde o dogma da intocabilidade da liberdade – "A teoria política retira a justiça do valor incontestado da espontaneidade, da qual é necessário assegurar, pelo

---

10. Idem, ibidem.

conhecimento do mundo, o mais completo exercício, harmonizando minha liberdade com a liberdade dos outros"[11].

Esse modelo – o mais corrente em termos de teorias de justiça contemporânea – pressupõe a capacidade de uma "transcendentalização" do eu por sobre a base previamente dada da verdade e da teoria:

> Esta posição não admite apenas o valor incontestado da espontaneidade, mas também a possibilidade de um ser racional se situar na totalidade. A crítica da espontaneidade, gerada pelo fracasso que põe em questão o lugar central que o eu ocupa no mundo, supõe, portanto, um poder de reflexão sobre o seu próprio fracasso e sobre a totalidade, um desenraizamento do eu arrancado a si e vivendo no universal. Ela não fundamenta nem a teoria nem a verdade, pressupõe-nas: parte do conhecimento do mundo nasce já de um conhecimento, do conhecimento do fracasso. A consciência do fracasso é já teorética[12].

Ora, a esse modelo, Levinas contrapõe um outro, a crítica à espontaneidade pelo resgate do próprio processo como se estatui a aproximação à realidade, no qual a transformação do eu em algo "completamente diferente dele mesmo" (Rosenzweig) – mesmo que em sua conceitualização com fins de aplicação a uma teoria – é impedida pelo dado de que há uma precedência da indignidade moral em relação à verdade, indignidade moral que não é nem uma verdade, nem redutível ao estatuto de verdade, enquanto constatação suficiente de um fato, mas que se expressa pelo acontecer de que *outrem* vem do horizonte da concretude e impede, com sua mera presença, *presença ética*, a transcendentalização autorreferida do conceito de liberdade:

---

11. Idem, ibidem.
12. Idem, p. 81-82.

Em contrapartida, a crítica da espontaneidade gerada pela consciência da indignidade moral precede a verdade, precede a consideração do todo e não supõe a sublimação do eu no universal. A consciência da indignidade não é, por sua vez, uma verdade, não é uma consideração do fato. A consciência primeira da minha imoralidade não é a minha subordinação ao fato, mas a Outrem, ao Infinito. A ideia de totalidade e a ideia do infinito diferem precisamente por isso: a primeira é puramente teórica, a outra é moral[13].

A verdade não tem assim fundamento em si mesma, mas na anterioridade da liberdade que *hesitou* em seu exercício absoluto, que se desencontrou de sua intenção de totalização e se encontrou com seu *desejo* de infinito ético, a partir do encontro com o *outro* de sua solidão e seu corolário de justificativas – com o infinito ético. Essa proposição rompe com o poder autofundante da verdade filosófica, na medida em que, como já vimos e agora se torna evidente por si só, frente ao que não é ela, até a verdade necessita ser *fundamentada*; e a *descoberta* dessa necessidade, sua não naturalidade, o fato de que sua constituição profunda nada tem de óbvia, mas pode antes nascer do questionamento radical da obviedade da liberdade que se autojustifica em seu exercício – questionamento que se procede desde a intrusão de Outrem no campo de exercício de meus poderes –, constitui a origem da própria consciência moral:

A liberdade, que pode ter vergonha de si própria, fundamenta a verdade (e assim a verdade não se deduz de si mesma). Outrem não é inicialmente feito, não é obstáculo, não me ameaça de morte. É desejado na minha vergonha. Para descobrir a facticidade injustificada do poder e da liberdade, é preciso não a considerar como objeto, nem considerar Outrem como objeto: é necessário medir-se com o infinito, isto é, desejá-lo. É preciso ter a ideia do infinito, a ideia do perfeito, como diria

13. Idem, p. 82.

Descartes, para conhecer a sua própria imperfeição. A ideia do perfeito não é ideia, mas desejo. É acolhimento de Outrem, o começo da consciência moral, que põe em questão a minha liberdade[14].

O que se está a indicar aqui é a ruptura da tautologia da consciência, consciência poderosa e sempre verdadeira para si própria, mas insuficiente, pelos limites de sua autorreferência, para abarcar o seu *outro*, ou seja, a realidade à qual se verte exatamente por não conhecê-la ainda; e essa realidade se estabelece entre o conjunto dos poderes extraordinários da consciência e os limites desses poderes: a alteridade que, uma vez objetivada, se transforma de alteridade real em alteridade lógica, em um processo de totalização[15].

"A ideia do perfeito não é ideia, mas desejo" – se fosse uma ideia, se permanecesse na órbita das possibilidades da ideia, do intelecto e de suas projeções, resolver-se-ia em si mesma, excluiria o *encontro*, condição prévia incontornável de toda e qualquer efetividade ética – pois, como bem o sabemos e a história bem nos instrui, não existe ética no universo racional das boas intenções. A teoria lúcida chega a seus limites, não porque seja impotente para ir mais além, mas porque reconhece que sua potência consiste antes em *preservar o campo de ocorrência do real de sua própria* (da teoria) *vontade de poder*[16].

Portanto, não se trata aqui de uma questão teórica, ou seja, que possa ser suficientemente equacionada e solucionada

---

14. Idem, p. 82.
15. Cf. R. T. de Souza, Da Diferença Lógica à Dignidade da Alteridade, *Sentido e Alteridade*.
16. Cf. nosso ensaio O Delírio da Solidão – O Assassinato e o Fracasso Original, *Sentido e Alteridade*.

no plano de uma determinada teoria a respeito de uma determinada realidade. A questão assume a feição de um choque pré-teorético:

> Esta maneira de se comensurar com a perfeição do infinito não é, pois, uma consideração teorética. Ela se realiza como vergonha em que a liberdade se descobre como assassina no seu próprio exercício. Cumpre-se na vergonha em que a liberdade, ao mesmo tempo que se descobre na consciência da vergonha, se esconde na própria vergonha. A vergonha não tem a estrutura da consciência e da clareza, mas orienta-se ao reverso. O seu sujeito me é exterior. O discurso e o Desejo nos quais outrem se apresenta como interlocutor, como aquele sobre quem não posso poder, que não posso matar, condicionam a vergonha na qual, enquanto eu, não sou espontaneidade inocente, mas usurpador e assassino[17].

Há aqui a evidência de uma *distinção:* sou capaz de distinguir, na interioridade de minha consciência ativa, de meu logos, no interior de seu poder iluminador, uma feição "ingênua", espontânea, exercício ingênuo de liberdade, a tentação espontaneísta que sempre retorna; e uma feição totalizante, assassina, na qual a iluminação se transforma em violência, *é* violência, no processo de transformação do efetivamente Outro em correlato de minha consciência, ou seja, no *outro lógico* – objeto – que é o combustível de meu conhecimento como tal[18].

17. TI, p. 82-83.
18. Essa distinção é essencial para que se compreenda os caminhos e descaminhos da racionalidade ao longo deste paradoxal século XX. Caso essa distinção não seja feita, é possível pensar que a racionalidade "hesitou", "desviou-se" de seu caminho natural ou deixou espaço livre para o delírio da irracionalidade; quando essa distinção está à vista, porém, torna-se evidente o fato de que – no caso, por exemplo, de genocídios e totalizações do ódio – *no interior da própria racionalidade, tal como ela se dá no modelo ocidental, já habita desde sempre a sua forma de*

Mas o Outro, enquanto autolegitimidade desde si mesmo *e* na condição de alteridade em relação ao conjunto de meus poderes, inclusive os poderes de minha liberdade (e não desde minha sanção cognitiva), *evade-se* a esses esquemas – e a qualquer esquema – na medida em que se propõe como *assimetria* – não correlação – à minha liberdade. Não se trata de um "alter ego", mas um alter *que* ego, e, nessa medida, me desinstala da estrutura de segurança que cultivo, ao lidar com os objetos de minha capacidade cognitiva/projetiva:

> Em contrapartida, o infinito, o Outro enquanto Outro, não é adequado a uma ideia teórica de um outro eu-próprio, já pela simples razão de que ele provoca minha vergonha e se apresenta me dominando. Sua existência justificada é o fato primeiro, o sinônimo de sua perfeição mesma[19].

Ocorre, então, uma metamorfose não apenas na ideia fenomenológica de intecionalidade, mas no *próprio sentido da consciência*[20]; e temos então como síntese final:

> A consciência moral acolhe outrem. É a revelação de uma resistência aos meus poderes, que não os põe em xeque como força mais poderosa, mas que põe em questão o direito ingênuo dos meus poderes, a minha gloriosa espontaneidade de ser vivente. A moral começa quando a liberdade, em vez de se justificar por si própria, se sente arbitrária e violenta. A procura do inteligível, mas também a manifestação da

---

efetivação que aparece como "violenta e irracional". Essa distinção é, assim, o último e mais agudo – e mais necessário – crivo crítico do otimismo racionalista, de feições positivistas ou iluministas tardias. Cf. a respeito o clássico livro de Z. Bauman, *Modernidade e Holocausto*.

19. TI, p. 83.
20. Cf. R. T. de Souza, Da Metamorfose da Intencionalidade à Metamorfose do Sentido em Z. Loparic; R. Walton (orgs.), *Phenomenology 2005*.

essência crítica do saber, o retorno de um ser aquém de sua condição — começa ao mesmo tempo[21].

Portanto, sou livre para *não permanecer afeito apenas à espontaneidade ingênua e violenta de minha liberdade*. Minha liberdade pode vir a assumir uma *qualidade* diversa daquela oriunda de sua mera efetivação.

E a questão vai muito além do que parece à primeira vista: ela indica um transtorno profundo na base do pensamento ocidental, que sempre postulou a verdade — entendida mormente como verdade *racional* — como base última de toda e qualquer realidade — *inclusive da realidade da justiça*.

Assim, o questionamento do estatuto da liberdade nos leva a um redimensionamento da própria ideia de filosofia. Filosofia não seria mais, simplesmente, um exercício ingênuo da liberdade, mas a lucidez suficiente para que se perceba o quanto de arbitrário e violento repousa no âmago da própria liberdade. Diz Levinas:

> A existência em realidade não está condenada à liberdade, mas é investida como liberdade. A liberdade não está nua. Filosofar é remontar aquém da liberdade, descobrir a investidura que liberta a liberdade do arbitrário[22].

Eis aqui, então, uma diferença capital com relação à imensa maioria das teorias da justiça, sejam tradicionais, sejam contemporâneas. A justiça não se baseia na determinação livre e racional de liberdades que interagem ao procurarem criar as possibilidades de um mundo mais justo. Antes de se pensar em justiça, é necessário que se pense as condições para

21. TI, p. 83.
22. TI, p. 83.

sua efetivação – e essas condições não estão simplesmente, para Levinas, no exercício livre da liberdade, ou no exercício da liberdade via contrato, ou outro; a justiça – como tampouco uma teoria da justiça – não decorre da mútua interação entre liberdades previamente dadas, de forma contratualista ou outra, pois a liberdade como tal, em seu desdobramento possível, *não* é um pressuposto suficiente para uma teoria da justiça. Antes de chegar à possibilidade de pensar uma teoria da justiça, faz-se necessário levar a sério a tensão que habita o próprio interior da liberdade pensada *ou* exercida – tensão entre sua vocação simultânea à *espontaneidade* e à *arbitrariedade*. Essa tensão não é normalmente levada às suas últimas consequências, porque se tem como evidente o fato de que a liberdade, na modernidade, só é compreendida como *positividade* – visão que as teorias liberais sempre se apressaram a referendar. Há que distinguir aqui, portanto, para que seja possível chegar à radicalidade do que se propõe, uma já sugerida *metamorfose do sentido de realidade da própria realidade.*

Significaria isso que Levinas se constitui em apologeta de alguma situação de não liberdade, de tão triste memória? Evidentemente que não. A questão – seja aqui bem ressaltado – é investigar até que ponto *liberdade, enquanto autolegitimação de um determinado exercício livre de si mesma,* e *justiça, enquanto efetivação não simplesmente teórica ou racional de uma "lógica" justa, mas fundamento da realidade humana,* são mutuamente compatíveis.

Logo, liberdade sim; mas liberdade lúcida, que se conheça o suficiente para saber *até que ponto* seu exercício pode ser violento, arbitrário e destruidor: liberdade estruturalmente constituída de moralidade, que lhe é anterior e que legitima o livre exercício da eticidade: no dizer de Levinas, *liberdade investida.*

A Necessidade Primigênia da Justiça

Assim, para Levinas, a justiça se propõe não como uma dimensão de realidade a ser simplesmente teorizada desde a facticidade mesma da realidade, mas, antes, como uma *condição fundamental* para que a realidade possa ser considerada propriamente *real*, para além de suas dimensões evidentes de conceitualização. A justiça, ou seja, a ética em realização[23], é a estrutura basilar do sentido humano e cosmológico, sem a qual a realidade não é, a rigor, segundo essa linha de pensamento, nem ao menos pensável. A justiça, portanto, não é por este autor concebida como uma questão teorética, nem ao menos como uma questão existencial, mas como uma questão, poderíamos dizer, *fundacional*, sem a qual as restantes determinações do mundo e da realidade não podem ser propriamente concebidas enquanto questões radicalmente *humanas*, pelo menos não em sua plenitude.

Ocorre neste ponto, naturalmente, a questão: o que temos, então? Se a realidade não é pensável sem justiça, o que temos em um mundo – muito real – onde a efetivação da justiça é dado raro? O que pode significar a espessa massa de dados e acontecimentos, seres animados e inanimados, relações e inter-relações que caracterizam nosso mundo como, exatamente, *nosso* – e fundamentalmente *necessitado* de justiça?

Segundo a inspiração levinasiana, poderíamos dizer: o mundo fático tal como ele realmente existe – a realidade que se nos dá ontologicamente, e que *tomamos* como realidade enquanto alvo de nossos esforços compreensivos – se constitui na *condição de possibilidade da construção da justiça, e, por extensão,*

---

23. Cf. R. T. de Souza, *Ética como Fundamento*, p. 48-51.

da realidade propriamente dita. Assim, o que temos não é a realidade realizada, a ser "aperfeiçoada" por tais ou quais aplicações de teorias de justiça – mas, sim, o que temos é, por assim dizer, a *matéria-prima* da realidade, a "espessura ontológica" (Levinas), a densidade ontológica necessária e suficiente para que a *construção da realidade* – da *justiça* – seja efetivamente empreendida. Essa é, para nosso autor, a única dimensão real já presente naquilo que se nos aparece como a realidade do mundo, naquilo que chamamos normalmente por esse nome, ou que consideramos como tal, seja qual for a perspectiva que adotemos como ponto de partida para que possamos conceber algo como "real". Trata-se, portanto, de uma exigência de radicalidade infinitamente superior à aplicação de corretivos a uma base ontológica carente de justiça, na medida em que, como já acentuamos, considera-se que tal base não configura uma estrutura de realidade suficiente para tais "correções", necessitando de uma metamorfose de seu próprio sentido de realidade.

Nesse sentido, para Levinas, uma teoria da justiça apenas pode pretender solidez se constituir, precisamente, em uma maior e mais anterior "teoria de realidade", que refira à construção simultânea dos padrões de compreensão da realidade enquanto *ainda não efetivação real da realidade propriamente dita* – e por "real da realidade" entendemos aqui: as relações éticas fundamentais entre os indivíduos.

Para que melhor se compreenda tal complexa proposição se faz, porém, necessário que alguns elementos compreensivos prévios sejam equacionados. Para a finalidade deste estudo, bastam-nos a dimensão da *assimetria*, que desautoriza a síntese totalizante – e a *dimensão da temporalidade-alteridade*, que interdita a sincronização dos fatos em um todo indiferenciado.

Por *assimetria* entendemos aqui a incapacidade de, em um universo de sentidos que reenviam constantemente à *diferença*, que interdita a indiferenciação, ser essa diferença real enquanto tal *neutralizada* por sua transformação em diferença lógica[24]. Em outros termos, a assimetria significa que *previamente* a toda e qualquer identificação mental, ou totalização identificante, dá-se a ocorrência de *termos originalmente diferentes* que subsistem enquanto *realmente diferentes* (e não meramente *logicamente* diferentes); e o ato de tornar evidente tal fato não é absolutamente difícil: não houvesse a diferença real, nem a primeira frase da metafísica aristotélica, nem o conhecimento propriamente dito poderiam ter lugar – apenas a tautologia ou a onisciência. Assim, a diferença real não é uma postulação qualquer da razão, mas uma *condição* "pré-original" para que a razão postule o que quer que seja, *inclusive* as próprias condições do conhecimento, sejam elas quais forem, de Aristóteles a Kant, de Hegel aos lógicos contemporâneos. É segundo essa perspectiva que qualquer totalização de sentido, intelectual ou fática, embate-se sempre contra si mesma – contra suas "fronteiras", desde si mesma divisáveis – e finalmente não subsiste a si mesma, como tentamos mostrar alhures; e isso na medida em que convive em si mesma com o inconciliável; uma totalidade que pretenda ser realmente "total" tem de, *ao mesmo tempo*, divisar com clareza seus limites e autoconceber-se "sem limites"[25].

Mas essa dimensão de assimetria – sempre um dado da racionalidade em exercício – pressupõe, para sua própria

---

24. Cf. Idem, Da Neutralização da Diferença à Dignidade da Alteridade, *Sentido e Alteridade*.
25. Cf. Idem, O Século XX e a Desagregação da Totalidade em *Totalidade & Desagregação*, p. 15-29.

compreensão profunda, uma dimensão ainda mais "original" de realidade, uma dimensão na qual se pode *ir dando* a racionalidade que aborrece a autoidentificação absoluta e se articula *como* racional: a "temporalidade-alteridade", o *decorrer* dos fatos, a diacronia em oposição à sincronia intelectual do conceito. *A diferença somente pode ser preservada segundo a dimensão da diacronia, ou seja, da reiterada desidentificação de si consigo mesma,* em um processo para além da identificação estática. Em não ocorrendo tal desidentificação, acabamos por ter a totalização final da identidade, e a diferença recai em uma posição de adereço intelectual da identidade. Assim, segundo a lógica exposta, a realidade pressupõe o *desencontro temporal* entre seus elementos, entre seus constitutivos; caso esse desencontro não ocorra, teremos, na inspiração da expressão de Adorno, apenas "pensamentos que coincidem consigo mesmos", aos quais a verdade daquilo de que os pensamentos *são* pensamentos escapa, seja ela qual for, cedendo lugar à tautologia especular e auto-obliterante do Mesmo que apenas a si mesmo conhece.

*Conclusão – A Realidade desde a Justiça –
O Que Diz a Necessidade da Justiça?*

Nesse sentido, a concepção de justiça enquanto fundamento de qualquer realidade possível pode-se dar, apenas, na temporalidade real na qual a justiça real pode ser efetivada; temporalidade que é expressão de alteridade, que é já alteridade, e que não se expressa senão através da *linguagem enquanto Dizer*[26]. E pensamento que recebe a alteridade no processo de consti-

---

26. Ver O Dito e o Dizer, supra, p. 17.

tuição da própria realidade (da justiça), em processo, por definição da limitação humana, interminável, porém obcecado pelo que lhe concerne, no sentido de Derrida[27]. Diferentemente do velho pensamento lógico-identificante, o "Novo Pensamento", segundo os passos de Rosenzweig, "expressa-se [...] na necessidade do Outro e, o que dá no mesmo, no levar a sério o tempo"[28]. Sem alteridade nem temporalidade radicais, a justiça – como bem mostram as obras de Kafka atrás analisadas – nada mais é do que uma quimera violenta que habita, no máximo, apenas algum sistema ou complexo racional, uma retórica de boas intenções, não se exercendo no processo de sua autoefetivação, e justificando-se apenas segundo ordens de causalidade que não necessitam descer de seu céu racional para se julgarem suficientemente válidas e universais, podendo conviver até mesmo com a *paralisia da linguagem no Dito*[29]. A justiça *pensada* tolera excessivas liberdades da injustiça *efetiva*; é contra esse desequilíbrio que uma concepção traumática de justiça, enquanto *fundamento* de realidade concebível, se insurge – é contra a indiferenciação do humano, elevado ao nível de mero conceito, que a *exigência propriamente humana* de justiça

---

27. Cf. R. T. de Souza, *Razões Plurais*.
28. Idem, *Existência em Decisão*, p.123.
29. "Pois o sentido de todo o nosso propósito consiste em contestar a inextirpável convicção de toda filosofia de que o conhecimento objetivo é a última relação de transcendência, de que Outrem – mesmo que diferente das coisas – deve ser conhecido objetivamente, ainda que a sua liberdade devesse decepcionar essa nostalgia do conhecimento. O sentido de todo o nosso propósito consiste em afirmar não que outrem escapa para todo o sempre ao saber, mas que não tem nenhum sentido falar aqui de conhecimento ou de ignorância, porque a justiça, a transcendência por excelência e condição do saber, não é de modo algum, como se pretenderia, uma noese correlativa de um noema". Cf. TI, p. 89:

se propõe – ou seja, contra os processos de tornar "suportável" o insuportável[30].

Dessa forma, segundo esse modelo de pensamento que se estrutura apenas na medida do sentido que o encontro com a alteridade significa, antes de se pensar a justiça enquanto possibilidade da realidade, *há que*, inversamente, *pensar a realidade enquanto possibilidade da justiça*. "Justiça" é a efetivação, no tempo, de si mesma e, decorrentemente, da realidade enquanto tal; apenas e na medida em que o encontro com a alteridade radical se efetiva no tempo que nós mesmos somos e em que cada instante é um instante de *decisão* – decisão pela justiça *ou* pela injustiça[31]. Tal, nada mais e nada menos, significaria desencontrar-se da tautologia e levar o tempo e o Outro realmente a sério, ou seja, destravar a construção do mundo, desconstruindo as estruturas patológicas da temporalidade paralisada que, como Kafka bem mostrou, paralisam também, pela incapacidade do exercício de *procura obsessiva pela justiça*, o andor da vida, da dignidade do mundo[32].

---

30. Cf. R. T. de Souza, Introdução, *Justiça em Seus Termos*.
31. Cf. R. T. de Souza, *Existência em Decisão*.
32. Cf. R. T. de Souza, *Metamorfose e Extinção*.

Conclusões

> *Não é o monstruoso que choca,*
> *mas sua naturalidade.*
> T. Adorno[1]

> *Nosso mundo se tornou tal que nele prevalecem*
> *o medo e a indiferença. Ao expressar-se sem*
> *indulgência, Kafka foi o primeiro*
> *a retratar este mundo.*
> E. Canetti[2]

Talvez pudéssemos, na trilha de Adorno analisando Kafka, dizer que atualmente não é nem mais a naturalidade do monstruoso que choca, mas as cavilações da razão opaca a justificar o injustificável, ou seja, a convencer com suas artimanhas capciosas o humano a suportar o insuportável. Compreender essa questão parece ser o ponto de partida atual de qualquer

1. Anotações sobre Kafka, *Prismas*, p. 243.
2. *O Outro Processo*, p. 55.

crítica e, por extensão, de qualquer filosofia e cultura que mereça esse nome nos tempos que correm. O que tentamos ao longo deste livro foi simplesmente exemplificar a que ponto a *lucidez extrema* do gênio literário kafkiano denuncia por si só os obscuros e monstruosos labirintos tautológicos a que a formalização do mundo por uma razão formal nos leva, uma vez esteja obliterada no tempo e na linguagem a *questão central* do mundo e de toda a sua compreensão: *a questão da ética enquanto exercício obsessivo pela realização da justiça*. Um mundo que se torna uma colônia penal sem fim, condenando à morte – a muitas, infinitas mortes, e não apenas de seres humanos – os que o habitam, *absolutizando a injustiça pela pretensa pronúncia do absoluto que tem lugar quando da paralisia da linguagem*. Esse não é um mundo de pesadelo, mas o nosso mundo em vigília, das selvas de cimento, das prisões e calabouços de todas as cores e teores, dos porões imundos das cidades e das mentes, das fantasmagorias e medos que assombram as consciências, da indigência moral espantosa habitada por Odradeks. E, por outro lado, os oásis e interstícios que nos permitem pensá-lo para além da tautologia de si mesmo – como exemplificam Levinas e Derrida – se constituem, finalmente, na possibilidade mesma de pensar, apesar de tudo. Kafka, vivo como nunca, mostra-nos todas as faces da morte, das quais a mais terrificante é a obliteração do tempo e do verbo na linguagem paralisada – o verdadeiro inferno que – Sartre talvez o admitisse hoje – temos sido obrigados a habitar com os outros *sem encontrá-los*. E, se o sentido é ainda construível em algum lugar, talvez o seja no encontro que ainda não teve – pleno, precário? – lugar. Talvez ainda haja tempo.

Referências Bibliográficas

ADAMZIK, Sylvelie. *Kafka, Topographie der Macht*. Basel/Frankfurt am Main: Stroemfeld, 1992.
ADORNO, Theodor. Anotações sobre Kafka. In: ADORNO, T. *Prismas*. São Paulo: Ática, 1998.
_____. *Minima Moralia*. São Paulo: Ática, 1993.
_____; HORKHEIMER, Max. *Dialética do Esclarecimento*. Rio de Janeiro: Jorge Zahar, 1985.
AGAMBEN, Giorgio. *O Que Resta de Auschwitz*. São Paulo: Boitempo, 2008.
ALTER, Robert. *Anjos Necessários: Tradição e Modernidade em Kafka, Benjamin e Scholem*. Rio de Janeiro: Imago, 1992.
ANDERS, Günther. *Kafka: Pró e Contra*. São Paulo: Perspectiva, 1993.
BAUMAN, Zygmunt. *Modernidade e Holocausto*. Rio de Janeiro: Jorge Zahar, 1998.
BAUMER, Franz. *Franz Kafka*. Berlin: Colloquium, 1968.
BENJAMIN, Walter. *Obras Escolhidas v. II. Rua de Mão Única*. São Paulo: Brasiliense, 1987.
_____. Franz Kafka. A Propósito do Décimo Aniversário de Sua Morte. *Obras Escolhidas v. I: Magia e Técnica, Arte e Política*. São Paulo: Brasiliense, 1985.
BLANCHOT, Maurice. *De Kafka à Kafka*. Paris: Gallimard, 1981.
CANETTI, Elias. *O Outro Processo: As Cartas de Kafka a Felice*. Rio de Janeiro: Espaço e Tempo, 1988.
CARVALHAL, Tania Franco et al., VVAA. *A Realidade em Kafka*. Porto Alegre: Movimento, [s.d.]

COUTINHO, Jacinto N. M. (org.). *Direito e Psicanálise: Intersecções a partir de O Processo de Kafka*. Rio de Janeiro: Lumen Juris, 2007.

CRUZ, Celso. *Metamorfoses de Kafka*. São Paulo: Annablume/Fapesp, 2007.

DELEUZE, Gilles; GUATTARI, Félix. *Kafka: Por uma Literatura Menor*. Rio de Janeiro: Imago, 1977.

DERRIDA, Jacques. *Força de Lei*. São Paulo: Martins Fontes, 2007.

EMRICH, Wilhelm. *Franz Kafka*. Wiesbaden: Athenäum, 1981.

GRÖZINGER, Karl E.; MOSÈS, Stephane; ZIMMERMANN, Hans Dieter (orgs.). *Kafka und das Judentum*. Frankfurt am Main: Jüdischer Verlag bei Athänäum, 1987.

HAYMAN, Ronald. *Kafka*. Bern/München: Scherz, 1986.

HELLER, Erich. *Kafka*. São Paulo: Cultrix/Edusp, 1976.

JANOUCH, Gustav. *Conversas com Kafka*. Rio de Janeiro: Nova Fronteira, 1983.

KAFKA, Franz. *O Veredicto/Na Colônia Penal*. Trad. Modesto Carone. São Paulo: Companhia das Letras, 1998.

_____. *Gesammelte Werke in zwölf Bänden nach der kritischen Ausgabe*. Frankfurt am Main: Fischer, 1994.

_____. *Contos, Fábulas e Aforismos*. Rio de Janeiro: Civilização Brasileira, 1993.

KAROTHY, Rolando H. (org.). *Las Metamorfosis de la Locura*. La Plata: Ediciones de la Campana, 1994.

KITTLER, W.; NEUMANN, G. *Franz Kafka: Schriftverkehr*. Freiburg im Breisgau: Rombach, 1990.

KOBS, J. *Kafka: Untersuchungen zu Bewusstsein und Sprache seiner Gestalten*. Bad Homburg: Athenäum, 1970.

KOCH, Hans-Gerd (org.). *"Als Kafka mir entgegenkam": Erinnerungen an Franz Kafka*. Frankfurt am Main: Fischer, 2000.

KONDER, Leandro. *Kafka: Vida e Obra*. Rio de Janeiro: Paz e Terra, 1979.

LEMAIRE, Gerard. *Kafka: Biografia*. Porto Alegre: L&PM, 2006.

LEVINAS, Emmanuel. *Autrement qu'être ou au-delà de l'Essence*. Paris: Kluwer Academic/Biblio Essais, 1974.

_____. *Totalité et Infini*. Paris: Kluwer Academic, [s/d.]

LIMA, Luiz Costa. *Limites da Voz: Kafka*. Rio de Janeiro: Rocco, 1993.

LÖWY, Michael. *Franz Kafka: Sonhador Insubmisso*. Rio de Janeiro: Azougue, 2005.

MANDELBAUM, Enrique. *Franz Kafka: Um Judaísmo na Ponte do Impossível*. São Paulo: Perspectiva, 2003.

MATE, Reyes. *Memórias de Auschwitz: Atualidade e Política*. São Leopoldo: Nova Harmonia, 2005.

_____. *La Razón de los Vencidos*. Barcelona: Anthropos, 1991.

MOSÈS, Stéphane. *Spuren der Schrift: Von Goethe bis Celan*. Frankfurt am Main: Athäneum, 1987.

NESTROVSKI, Arthur; SELIGMANN-SILVA, Márcio (orgs.). *Catástrofe e Representação*. São Paulo: Escuta, 2000.

PAWEL, Ernst. *O Pesadelo da Razão: Uma Biografia de Franz Kafka*. Rio de Janeiro: Imago, 1986.

POLITZER, Hans (org.). *Das Kafka-Buch*. Frankfurt am Main: Fischer, 1969.

RICHTER, Helmut. *Franz Kafka*. Berlin: Rütten & Loening, 1962.

RIES, Wiebrecht. *Transzendenz als Terror: Eine Religionsphilosophische Studie über Franz Kafka*. Heidelberg: Lambert Schneider, 1977.

ROSENFELD, Anatol. Kafka e Kafkianos. *Texto/Contexto I*. São Paulo: Perspectiva, 1969.

ROSENZWEIG, Franz. *Der Stern der Erlösung*. Frankfurt am Main: Suhrkamp, 1996.

_____. *Zweistromland: Kleinere Schriften zu Glauben und Denken. Gesammelte Schriften III*. Dordrecht/Boston/Lancaster: Martinus Nijhoff, 1984.

SOUZA, Ricardo Timm de. *Justiça em Seus Termos: Dignidade Humana, Dignidade do Mundo*. Rio de Janeiro: Lumen Juris, 2010.

_____. *Adorno & Kafka:Paradoxos do Singular*. Passo Fundo: Ifibe, 2010.

_____. *Em Torno à Diferença: Aventuras da Alteridade na Complexidade da Cultura Contemporânea*. Rio de Janeiro: Lumen Juris, 2008.

_____. O Pensamento de Levinas e a Filosofia Política: Um Estudo Histórico--Filosófico. In: _____; OLIVEIRA, N. F. (orgs.). *Fenomenologia Hoje III: Bioética, Biotecnologia, Biopolítica*. Porto Alegre: EDIPUCRS, 2008, v. I.

_____. A Dignidade Humana desde uma Antropologia dos Intervalos – Uma Síntese. *Veritas*, Porto Alegre, v. 53, n. 2, jun. 2008.

_____. Kafka: Totalidade, Crise, Ruptura. In: GAUER, Ruth M. C. (org.). *Criminologia e Sistemas Jurídico-Penais Contemporâneos*. Porto Alegre: EDIPUCRS, 2008.

_____. Por uma Estética Antropológica desde a Ética da Alteridade: Do "Estado de Exceção" da Violência sem Memória ao "Estado de Exceção" da Excepcionalidade do Concreto. *Veritas*, , Porto Alegre, v. 51, n. 2, jun. 2006.

_____. A Vida Opaca: Meditações sobre a Singularidade Fracassada. In: OLIVEIRA, N. F.; SOUZA, D. G. (orgs.). *Hermenêutica e Filosofia Primeira*. Ijuí: Unijuí, 2006.

_____. Da Metamorfose da Intencionalidade à Metamorfose do Sentido: Uma Leitura de Levinas. In: LOPARIC, Zeljko; WALTON, Roberto (orgs.). *Phenomenology 2005: Selected Essays from Latin America*. Bucarest: Zeta, 2007, v. 2.

_____. *Ética como Fundamento: Uma Introdução à Ética Contemporânea*. São Leopoldo: Nova Harmonia, 2004.

_____. *Razões Plurais: Itinerários da Racionalidade Ética no Século XX: Adorno, Bergson, Derrida, Levinas, Rosenzweig*. Porto Alegre: EDIPUCRS, 2004.

_____. *Sobre a Construção do Sentido: O Pensar e o Agir entre a Vida e a Filosofia*. São Paulo: Perspectiva, 2003.

_____. *Ainda além do Medo: Filosofia e Antropologia do Preconceito*. Porto Alegre: DaCasa/Palmarinca, 2002.

_____. O Corpo do Tempo: Um Exercício Fenomenológico. In: _____; OLIVEIRA, Nythamar F. de. (orgs.). *Fenomenologia Hoje II: Significado e Linguagem*. Porto Alegre: EDIPUCRS, 2002.

_____. Tensão e Expressão: Kafka, Hermeneuta do Tempo Patológico. In: DUARTE, R.; FIGUEIREDO, V. (orgs.). *Mímesis e Expressão*. Belo Horizonte: Editora da UFMG, 2001.

_____. Justiça, Liberdade e Alteridade Ética. Sobre a Questão da Radicalidade da Justiça desde o Pensamento de E. Levinas. In: *Veritas*, Porto Alegre, jun. 2001.

_____. *Sentido e Alteridade: Dez Ensaios sobre o pensamento de Emmanuel Levinas*. Porto Alegre: EDIPUCRS, 2000.

_____. *Metamorfose e Extinção: Sobre Kafka e a Patologia do Tempo*. Caxias do Sul: Educs, 2000.

_____. *O Tempo e a Máquina do Tempo: Estudos de Filosofia e Pós-Modernidade*. Porto Alegre: EDIPUCRS, 1998.

_____. *Totalidade & Desagregação: Sobre as Fronteiras do Pensamento e Suas Alternativas*. Porto Alegre: EDIPUCRS, 1996.

STACH, Reiner. *Kafka: Die Jahre der Entscheidungen*. Frankfurt am Main: Fischer, 2002.

THIÉBAUT, Claude. *Les Métamorphoses de Franz Kafka*. Paris: Gallimard, 1996.

TIBURI, Márcia. *Filosofia Cinza: A Melancolia e o Corpo nas Dobras da Escrita*. Porto Alegre: Escritos, 2004.

_____; KEIL, Ivete (orgs.). *O Corpo Torturado*. Porto Alegre: Escritos, 2004.

URZIDIL, Johannes. *Da geht Kafka*. München: DTV, 1966.

WAGENBACH, Klaus. *Franz Kafka em Testimonios Personales y Documentos Gráficos*. Madrid: Alianza, 1970.

Sobre o Autor

Ricardo Timm de Souza, nascido em Farroupilha (RS), em 1962, doutor em Filosofia pela Universidade de Freiburg (Alemanha, 1994), é atualmente professor titular da Faculdade de Filosofia e Ciências Humanas da PUCRS, atuando principalmente nos programas de pós-graduação em filosofia, ciências criminais e letras dessa universidade. É autor de 22 livros e cerca de 160 capítulos, artigos, traduções e obras organizadas, sendo membro de sociedades científicas nacionais e internacionais e parecerista de órgãos brasileiros e estrangeiros de fomento à pesquisa.

Este livro foi impresso na cidade de São Paulo,
em maio de 2011, nas oficinas da Graphium Editora Ltda.,
para a editora Perspectiva S.A.